DIENST AM WORT

Die Reihe für Gottesdienst und Gemeindearbeit

Band 143

Vandenhoeck & Ruprecht

Anna-Katharina Szagun

Teens machen Kirche – Gottesdienste für alle

Vandenhoeck & Ruprecht

Mit 9 Abbildungen und digitalem Zusatzmaterial auf www.v-r.de
bei der Anzeige dieses Titels; dort auch alle Lesetexte in lesefreundlichem Layout.

Bibliografische Information der Deutschen Nationalbibliothek

Die Deutsche Nationalbibliothek verzeichnet diese Publikation
in der Deutschen Nationalbibliografie; detaillierte bibliografische
Daten sind im Internet über http://dnb.d-nb.de abrufbar.

ISBN 978-3-525-60011-5
ISBN 978-3-647-60011-6 (E-Book)

Umschlagabbildung: Frisches Brot © M. Heinke, www.digitalstock.de

Satz: textformart, Göttingen
Druck und Bindung: ⊕ Hubert & Co, Göttingen

Gedruckt auf alterungsbeständigem Papier.

Inhalt

Vorwort

Zwischen der Lebenswelt Heranwachsender und dem Traditionsgut von Gottesdiensten liegt ein garstiger Graben. Nicht nur die Bibeltexte, sondern auch die liturgischen Formen, das Credo und die meisten Gesangbuchlieder atmen den Geist einer weitgehend versunkenen Epoche. Was das Traditionsgut an Schätzen, „Heilmitteln", enthält, wird aufgrund der zeittypischen Verpackung von der Mehrheit der Bevölkerung kaum noch wahrgenommen. Es gilt, die „Arznei", d. h. die befreiende und ermutigende Kraft des Evangeliums, auszupacken, damit sie die Gemeinde erreichen kann.[1]

Konfirmandenunterricht soll Heranwachsenden die christliche Tradition erschließen, soll mittels Übersetzungsarbeit die „Arznei" auspacken und möglichst auch „schmecken" lassen. Was liegt näher, als unterrichtliche Prozesse der Übersetzung und Verlebendigung von Traditionsgut in die Gestaltung von Gottesdiensten hineinzunehmen?

In einem Dorf nahe Göttingen gehen wir diesen Weg. Unsre Teens sind 10 bis 14 Jahre alt (nehmen teil am KU 4; haben in den Klassen 5 bis 7 thematische Ferien-Projekttage und in Klasse 8 Hauptkonfirmandenunterricht). Die monatlichen Familiengottesdienste bilden während der fünfjährigen Konfirmandenzeit die Kontaktbrücken.

Die Gottesdienste spiegeln die Auseinandersetzungen der Teens mit Elementen des Traditionsgutes, in Fantasie- oder Zeitreisen, in biblischen Szenen, Visualisierungen, Klängen oder Tanz. So mancher Groschen fällt dabei auch bei erwachsenen Besuchern durch die anschaulichen Elementarisierungen.

---

1 Schon Lessing hatte kritisch gefragt: „Soll ich denn die Arznei mit der Schachtel fressen?" Was im 18. Jahrhundert schon nachgefragt wurde, muss im 21. Jahrhundert nun ganz sicher geleistet werden: Übersetzungsarbeit ist unabdingbar!

Die Gottesdienstzeit sonntags um 18.00 Uhr hat sich bewährt: Der u. U. dunkle Kirchenraum bietet besondere Gestaltungsmöglichkeiten. Bewährt hat sich auch das Einspielen von Liedtexten über Beamer. Es wird weitaus kräftiger gesungen seither.

In den Gottesdiensten mit Teens wird kein Credo gesprochen, sondern zu EG 184 ein Glaubenslied gesungen (vgl. S. 10). An der Stelle von „Ehre sei dem Vater" steht bei uns „Meine Hoffnung und meine Freude" (Taizé), Umschreibungen von Gottes drei Wirkweisen ersetzen den Wortlaut der trinitarischen Voten. Bei Lesungen wird dem Bibeltext eine kurze Erläuterung des historischen Kontextes in elementarisierter Form vorangestellt. (Wer wissen will, warum wir das so halten, lese das Schlusskapitel).

Die Material- und Ideensammlung dieses Bandes möchte Sie unterstützen bei Versuchen, mit Teens gemeinsam lebendige Gottesdienste zu gestalten. Bei den meisten der hier abgedruckten Modelle kommen Sie mit jeweils zwei Vorbereitungstreffen aus, auch beim szenischen Spiel. Die Doppelung der Rollen – Sprecher/innen lesen am Mikrofon den Text, Spieler/innen agieren synchron pantomomisch – ermöglicht eine schnelle Erarbeitung.

Viel Freude bei der Umsetzung der Vorschläge und den Segen des Himmels für Ihr gemeinsames Wirken wünscht

Anna-Katharina Szagun

Das Glaubenslied

Zu singen nach der Melodie „Wir glauben Gott", EG 184

1. Ich glaube: Gott ist in der Welt, /
der Leben gibt und Treue hält. /
Gott fügt das All und birgt die Zeit, /
Erbarmen bis in Ewigkeit.

2. Ich glaube: Gott erwählte Christ /
den Sohn, der unser Bruder ist. /
Der schrie am Kreuz nach seinem Gott, /
der sich verbirgt in Not und Tod.

3. Ich glaube: Gottes Schöpfermacht /
hat uns den Ostersieg gebracht. /
Denn alles, was mein Glaube sieht, /
spricht seine Sprache, singt sein Lied.

4. Ich glaube: Gott will Menschen sehn, /
die ganz auf seiner Seite stehn. /
Sein Abendmahl in Brot und Wein, /
lädt alle Welt zur Hoffnung ein.

5. Ich glaube: Meine Taufe weist /
auf Gottes Wirken durch den Geist. /
Ich seh im Spiegel seiner Schrift /
die Wahrheit, die mein Leben trifft.

6. Wir glauben: Gott setzt Zeichen ein /
und lässt uns die Gemeinde sein, /
die bis zum Ende Treue hält, /
zum Leben für die ganze Welt.

Nach Peter Spangenberg, bearb. von der Autorin.

1 Gott, wer bist du?

Vorbereitende Schritte

1. Mit den Konfis wird der Umgang mit Metaphern spielerisch eingeübt (z. B.: Wenn jeder aus unserer Gruppe sich jetzt in ein Tier / Handwerkszeug / Küchengerät o. Ä. verwandelt hätte, welcher Vergleich würde zu wem passen?), ehe es zur Gestaltung einer Gottesmetapher kommt. Wenn alle mit Metaphern umgehen können, baut jedes Konfi-Kind im Unterricht aus Altmaterialien eine Collage zum Thema „Gott ist heute für mich wie …"
Verabredet wird, dass niemand den anderen Kindern verrät, was die eigene Gestaltung bedeutet. Die Gestaltungen werden fotografiert. Die Kinder schreiben für sich selbst und den / die Unterrichtenden auf, was die Gestaltung für sie bedeutet.

2. Dann werden die Gestaltungen auf einen Ausstellungstisch in der Mitte platziert und die Gruppe ringsum versammelt. Jeweils eine Gestaltung wird betrachtet: Alle Kinder äußern, was ihnen dazu einfällt (Ähnlichkeiten, Assoziationen). Anschließend sagt das Kind, das die Collage gestaltet hat, etwas dazu. Es darf aber auch schweigen.

3. Die Fotos der Collagen der Kinder zu Gottesmetaphern werden zu einer Powerpointpräsentation zusammengestellt. (Beispiel zum Download auf www.v-r.de bei der Nennung des Titels: Szagun_ppp_ Gottesdienst 1)

4. Erarbeitung der kurzen Szene mit einer Kindergruppe

Ausstattung des Kirchenraums

Leinwand, Beamer und Laptop für die Powerpointpräsentation, eine durch etwas Mobiliar angedeutete Wohnung für den Rabbi einschließlich Putzgeräten, Herdsimulation, Kochtöpfen und -löffeln, Geschirr usw. Zwei „Türen". Altar und Kanzel fungieren als Tempel. GOTT als durch Schleier verdeckte Gestalt spricht oben vom Kanzelaltar her. Das Taufbecken ist abgedeckt.

Ablauf

Element	Beispiel	Baustein
Musik zum Eingang		
Begrüßung		
Eingangslied	EG 168,1–3	
Psalm im Wechsel	Ps 36	
Meine Hoffnung und meine Freude / Kyrie / Gloria		
Kollektengebet		
Einführung Präsentation		Baustein 1
Präsentation: Beamer und Kommentar		
Lied	Bist du ein Haus …	
Überleitung A		Baustein 2
Lesung Evangelium	Mt 25	
Überleitung B		Baustein 3
Spielszene		Baustein 4[2]
Lied	EG 420,1. 2 bis 5[3]	
Fürbitte und Vaterunser		
Lied	EG 421	
Segen		
Musik zum Ausgang		

---

2 Auch auf www.v-r.de bei der Nennung des Titels zum Ausdruck.
3 Dazwischen die Abkündigungen.

Baustein 1: Einführung

Einführung zur Präsentation der Collagen der Kinder; anschließend Bildershow (z. B. Powerpoint)

Es gibt wohl kein Geheimnis, keine Frage, die Menschen seit Jahrtausenden so umgetrieben hat wie die Gottesfrage. Menschen spüren, dass es etwas Größeres gibt als alles, was man denken, fühlen oder messen kann. Menschen begegnen dem Unbegreiflichen, dem Ur-Grund alles dessen, was war und was ist und was kommt, in ihrem Leben: Gott ereignet sich in ihrem Leben. Und sie erzählen über ihre Begegnung mit diesem Geheimnis, sei es in biblischen Geschichten oder auch in Geschichten von heute.

Dem Geheimnis Gott kann ich mich nicht begrifflich nähern. Wenn Gott größer ist als all unsere Vernunft, wie sollten wir Gott dann mit unserer Vernunft in Begriffe fassen?

Wir können Gottes Wirklichkeit nur mittels Bildern ausdrücken. So haben es auch die Psalmisten getan, wenn sie sagten: Gott ist für mich wie eine Burg, wie ein Schild oder Schirm, wie ein Adler oder Fels oder wie eine Mutter …

Die vielen Vergleiche der Bibel sind ein Reichtum. Und sie sind zugleich eine Einladung an uns, eigene Vergleiche zu finden, Vergleiche, die zu unserem heutigen Leben passen. – Das haben wir versucht …

Baustein 2: Überleitung A

Mit unseren Vergleichen für Gott ist noch nicht die Frage geklärt, wie und wo wir eigentlich Gottes hilfreiche Nähe spüren – und wie wir uns Gottes Handeln in der Welt vorstellen. Handelt Gott direkt? Oder lässt er vielleicht Menschen für sich handeln, Menschen, die die Not, Einsamkeit, Hilfsbedürftigkeit von anderen wahrnehmen und an Stelle Gottes helfend zupacken? Wie handelt Gott?

Bild „Kruzifix" projizieren (Szagun_ppp_Gottesdienst 1)

Vielleicht hilft uns ein Bild zu einer Antwort: Wir sehen ein Kruzifix ohne Arme: Es wurde im Krieg zerstört. Man hat es nicht weggeworfen, sondern daneben geschrieben: „Gott hat keine Hände, nur unsere Hände, um seine Arbeit heute zu tun …"

Bild Herzmenschen „projizieren" (Szagun_ppp_Gottesdienst 1)

Herzmenschen sind die Hände Gottes, durch sie wirkt Gott in diese Welt. Aber tragen nur die Herzmenschen, die Helfenden, das Antlitz Gottes? Dazu hören wir jetzt ein Gleichnis aus dem Matthäus-Evangelium …

Baustein 3: Überleitung B

Das Gleichnis spiegelt eine jüdische Grundüberzeugung, die schon bei dem Propheten Jesaja nachzulesen ist. Er lässt Gott sagen: Was soll mir euer Fasten und dass ihr euch Säcke anzieht? Wenn ihr mir einen Dienst tun wollt, so kleidet die Nackten, speist die Hungrigen, löst die Fesseln der Unterdrückten! – Es gibt eine jüdische Legende, die dem eben gehörten Bibeltext sehr nahe steht. Diese Legende spielen die Kinder jetzt vor.

Baustein 4: Spielszene

Personen

Rabbi, Gott, Frau, Köchin, Diener 1, Diener 2, Kind, Reisender, Bettler

Im Tempel

Rabbi sitzend auf Stuhl vor Altar, betend. Gott oben auf der Kanzel.

RABBI: Gott, jeden Tag komme ich zu dir in den Tempel. Jeden Tag bete ich zu dir. Ich habe es in meinem Glaubensleben schon weit gebracht. Nun habe ich eine große Bitte an dich.

GOTT: Du hast eine Bitte an mich? Sprich sie aus!

RABBI: Ich komme immer zu dir in den Tempel. Es wäre mir eine große Freude, wenn du auch einmal in mein Haus kommen würdest und mich besuchtest.

GOTT: Ich komme morgen! Mach nur alles bereit!

Rabbi steht auf und eilt nach Hause (Rundgang hinter Altar).

Vorbereitungen im Haus

RABBI: Frau, komm her, ich habe eine große Neuigkeit!

FRAU: Was ist, Mann? Was möchtest du mir sagen?

RABBI: Ich war wie jeden Tag im Tempel und habe gebetet. Nun hat Gott mir versprochen, dass er uns morgen besuchen kommt. Bereite alles vor!

FRAU: Gott kommt zu uns? Was für eine Freude! Ich beginne gleich mit den Vorbereitungen.

Rabbi ab.

FRAU: Köchin! Komm herbei!

KÖCHIN: Was gibt es, Herrin?

FRAU: Gott kommt uns besuchen. Geh auf den Markt! Besorge die besten Zutaten für ein Festmahl!

KÖCHIN: Welche Ehre! Da lass ich mir was Besonderes einfallen.

Köchin geht ab. Zwei Hausdiener kommen rein.

FRAU: Diener, kommt her zu mir!

DIENER 1: Was können wir für dich tun, Herrin?

DIENER 2: War was nicht in Ordnung?

FRAU: Doch, doch. Aber Gott kommt uns besuchen! Es muss alles noch sauberer sein als sonst. Fangt an zu putzen!

Diener putzen. Köchin kommt mit Korb, fängt an zu kochen. Frau räumt auf. Kurz danach, alle ab.

Nächster Tag

RABBI: Das Haus ist gereinigt, nun müssen auch wir uns vorbereiten.

FRAU: Wann kommt Gott denn eigentlich?

RABBI: Den Zeitpunkt kenne ich nicht, aber er kommt bestimmt!

Beide treten an das abgedeckte Taufbecken und „waschen" sich. Kämmen, Tuch drapieren usw.; den Tisch fein decken (Tisch aus Sakristei, dazu 3 Sitzhocker). Kind klopft an. Diener 1 führt Kind rein.

DIENER 1: Herr, hier klopfte ein Kind. Es will zu euch.

KIND: Guten Morgen. Es riecht so gut vor eurem Haus. Bitte gebt mir einen kleinen Kuchen, ich habe Hunger.

RABBI: Morgen bekommst du deinen Kuchen. Heute kommt Gott, geh jetzt, du störst.

KIND: Oh, wie schade, es duftet so lecker.

Ab mit hängendem Kopf. Rabbi und Frau warten.
Reisender klopft. Diener 2 führt Reisenden herein.

DIENER 2: Herr, hier ist ein müder Reisender.

REISENDER: Seid gegrüßt, ehrwürdiger Rabbi. Es ist bald Mittag. Ich bin schon lange unterwegs und müde. Kann ich mich ein wenig bei euch stärken und ausruhen?

RABBI: Nein, heute nicht! Morgen bist du an der Reihe. Geh inzwischen zu meinem Nachbarn. Heute kommt Gott! Du störst.

REISENDER: Schade, aber dann versuche ich es dort.

Ab, wird von 2 Nachbarn freundlich aufgenommen (ohne Worte).
Rabbi und Frau warten. Bettler klopft. Köchin führt Bettler hinein.

KÖCHIN: Herr, dieser kranke Bettler klopfte an der Hintertür.

BETTLER: Gebt mir bitte etwas zum Trinken und Essen. Mir geht es nicht gut.

RABBI: Nein. Nicht heute. Morgen ist so viel da, wie du willst. Heute kommt Gott! Er muss sogar jede Minute hier eintreffen. Weg mit dir, du störst.

Rabbi scheucht den Bettler weg. Wartet. Nach einer kurzen Weile …

RABBI: Jetzt ist es schon später Abend. Wo Gott nur bleibt? Ich verstehe das nicht!

FRAU: Lass uns zu Bett gehen, Gott kommt heute sowieso nicht mehr.

Beide ab.

Nächster Tag im Tempel

Rabbi vor Altar betend. Gott auf Kanzel.

RABBI: Gott. So oft bin ich zu dir gekommen. Ist es da zu viel, wenn du ein einziges Mal zu mir kommen sollst?

GOTT: Was willst du? Dreimal war ich da: als Kind, als müder Reisender und als Bettler. Aber du hast mich nicht erkannt! Du hast mich weggeschickt, statt mich zu bewirten!

2 Gott, der Schöpfer

Vorbereitende Schritte

Mit einer Konfirmandengruppe wird die erste Schöpfungsgeschichte (P) auf dem Hintergrund ihres geschichtlichen Kontextes erarbeitet: Sowohl das antike Weltbild wie auch die Schöpfungserzählung der Babylonier spiegeln sich in der Schöpfungserzählung der Priesterschrift, und sei es im Widerspruch dagegen.

Ein Teil der Kinder fertigt Zeichnungen der „sieben Tage" an, andere üben die Spielszene ein bzw. übernehmen verbindende Sprechtexte. Falls die Zeit fehlt, die Texte auswendig zu lernen, kann von einem Teil der Kinder die Spielszene pantomimisch gespielt werden, während andere Kinder (verdeckt) die Texte ins Mikrofon lesen. (Beim Üben müsste dann die Synchronisation von gelesenem Text und Spiel geübt werden). Falls ein Gitarrist zur Verfügung steht, könnten ein paar Improvisationen eingebracht werden

Ausstattung des Kirchenraums

Leinwand, Beamer, Laptop; auf einem gut sichtbaren Tisch ein Minigarten mit Miniatur-Felsen, Teich, Bäumen, Früchten, Blumen, griffbereit einige Spielzeugautos und -flugzeuge sowie ein Beutel mit Müll; für die alternative Darbietung der priesterlichen Schöpfungserzählung wird ein Menora-Leuchter mit Kerzen gebraucht.

Ablauf

Element	Beispiel	Baustein
Musik zum Eingang		
Begrüßung		
Eingangslied		
Psalm im Wechsel	Ps 104 gekürzt	
Meine Hoffnung und meine Freude / Kyrie / Gloria		
Kollektengebet		
Präsentation 1		Baustein 1
Präsentation 2		Baustein 2
Szene oder Präsentation 3		Baustein 3[4]
Präsentation 4		Baustein 4
Aktualisierung		Baustein 5
Lied (zugleich Bekenntnis)	Laudato si	
Abkündigungen		
Lied	EG 432	
Fürbitte und Vaterunser		
Lied	EG 171	
Segen		
Musik zum Ausgang		

---

4   Auch auf www.v-r.de bei der Nennung des Titels zum Ausdruck.

Baustein 1: Unsere Erde

SPRECHTEXT 1: Unsere Erde ist wie ein großer Garten (Geste zum Minigarten): Sie ist schön: Millionen von Lebewesen gibt es darin, ganz unterschiedliche. Und jeder von uns ist so eine Besonderheit, die ins Leben gerufen wurde. (ein paar harmonische Gitarrenklänge)

Kinder kommen und legen größere Mengen von Spielzeugautos und -flugzeugen auf den Garten, zum Schluss wird der Inhalt des Müllbeutels über dem Minigarten entleert. Während dieses Geschehens könnten ein paar aggressiv-schräge Gitarrenklänge eingespielt werden. Dann halbe Minute Stille.

SPRECHTEXT 2: Die Erde, unser Garten, ist schön, aber auch verletzlich. Müssen wir nicht neu nachdenken darüber, wie wir mit unserem Garten umgehen?

Baustein 2: Das Weltbild der Antike

(auch *www.v-r.de* bei der Anzeige dieses Titels)

SPRECHER 1[5]: Die Menschen gingen viele Jahrhunderte lang vom Augenschein aus bei ihren Vorstellungen vom Aufbau der Welt.

SPRECHER 2: Sie dachten damals: Die Erde ist eine Scheibe aus Land und Meer. Und der Himmel ist wie eine darüber gestülpte Glocke. Das sieht ja auch so aus, wenn man einmal nach oben schaut und dann bis zum Horizont.

SPRECHER 3: Sie dachten: Sonne, Mond und Sterne sind bestimmt da oben am Firmament festgemacht. Denn sie fallen ja nicht herunter.

SPRECHER 4: Sie dachten: Oben über dem Firmament muss es einen Ozean geben. Denn von dort kommen ja Regen und Schnee.

SPRECHER 5: Und unter der Erde muss es auch einen Ozean geben. Denn wenn man Löcher gräbt, trifft man auf Wasser in der Tiefe.

---

5   Der Text wird mit verteilten Rollen gelesen; von 2 bis 12 SprecherInnen ist alles möglich.

SPRECHER 6: Und der Ozean über dem Firmament und der Ozean unter der Erde müssen miteinander in Verbindung stehen. Denn der Regen von oben würde sonst irgendwann alle sein.

SPRECHER 1: Die Erde – so dachten sie – muss auf festen Säulen stehen. Denn sonst würde sie längst im Ozean versunken sein.

SPRECHER 2: Und da das Himmelsgewölbe nicht runter fällt, wird es sicher auch von Säulen gehalten. Bestimmt sind die großen Berge die Säulen des Himmels.

SPRECHER 3: Wenn man Tote in der Erde begräbt, sind die nach ein paar Jahren nicht mehr da. Wo sind sie hin? Die Menschen stellten sich vor, dass sie in einer Unterwelt weiterleben.

SPRECHER 4: Auch die Menschen vor 2 500 Jahren fragten schon danach, wie es denn wohl angefangen haben könnte mit der Welt.

SPRECHER 5: Menschen können zwar viel. Aber sie sind doch zu schwach und zu klein, um den Himmel und die Erde zu schaffen. Das muss eine übermenschlich große Kraft bewirkt haben, dachten sie.

SPRECHER 6: War es ein Gott? Waren es viele Götter? Wie entstand die Erdscheibe, wie das Himmelsgewölbe mit den Gestirnen? Wie kam es zu Pflanzen, Tieren und Menschen? Und wozu ist der Mensch auf der Erde?

SPRECHER 1: Als Antworten auf solche Fragen erzählten sie Geschichten.

SPRECHER 2: Als Erstes lernt ihr heute die Vorstellungen der Babylonier kennen.

SPRECHER 3: Warum zuerst die Geschichte aus Babylon?

SPRECHER 2: Deswegen, weil die Juden[6] mit der Geschichte der Babylonier so unzufrieden waren, dass sie schließlich eine eigene Geschichte aufschrieben. Jetzt zeige ich euch, wo Babylon liegt. *(Karte)* Das ist viele tausend Kilometer von Jerusalem entfernt. Die Babylonier waren vor 2 500 Jahren sehr mächtig. Sie beherrschten alle Nachbarvölker, auch die Juden.

SPRECHER 4: Nachdem Jerusalem erobert war, nahmen die Babylonier Tausende von arbeitsfähigen Juden mit nach Babylon. Dort mussten sie als Sklaven arbeiten.

SPRECHER 2: Macht mal einen Augenblick die Augen zu. Wenn die Flöte ertönt, seid ihr mit der Zeitmaschine in Babylon gelandet.

---

6 Historisch korrekt wäre zur damaligen Zeit von „Israeliten" (Bibel) oder „Hebräern" (Urkunden damaliger Zeit) zu sprechen; wir sprechen der größeren Klarheit wegen von „Juden".

Baustein 3: Juden und Babylonier

Personen

2 Juden: Aaron (m.), Kayla (f.); 2 Babylonier: Behruz (m.) und Nineb (m.)

SPRECHERIN: Wir befinden uns in der Hauptstadt Babylon um 560 vor Christi Geburt. Ihr seht zwei Juden. Sie wurden wie viele Tausende anderer Juden von den Babyloniern verschleppt, nachdem die Babylonier Jerusalem erobert hatten. Ich werde einmal ihr Gespräch belauschen.

AARON: Schalom, Kayla. Ich musste gerade wieder für meinen Herrn schwere Steine schleppen. Ich habe das Leben in babylonischer Gefangenschaft satt!

KAYLA: Schalom, Aaron. Mir geht es genau so. Unsere Verbannung dauert jetzt schon fast drei Jahrzehnte. Wer weiß, ob wir jemals wieder frei sein werden und nach Jerusalem zurück können?

AARON: Weißt du noch, wie die Babylonier nach Jerusalem kamen und alles zerstörten? Sogar unseren Tempel setzten sie in Brand!

KAYLA: Oh ja, daran kann ich mich noch genau erinnern. Es war schrecklich! Aber, obwohl wir hier nicht richtig glücklich sind, können wir froh sein, dass sie uns am Leben gelassen haben.

AARON: Das stimmt! Aber mir fehlt unser Tempel. Feste feiern wir zwar noch zu Ehren unseres Gottes Jahwe, aber ohne unseren Tempel …

KAYLA: Ja, das ist traurig, dass wir hier keinen Tempel haben. Umso mehr müssen wir an unserem Glauben festhalten. Und unsere Kinder sollen wissen, was unseren Gott von anderen Göttern unterscheidet.

AARON: Die Babylonier glauben an viele Götter. Wir aber wissen: Gott ist einer! Und er ist allmächtig. Er allein hat unsere schöne Welt erschaffen! Er allein hält sie und bewahrt sie. – Die Gestirne, Sonne, Mond und Sterne, die sind für die Babylonier Götter – so ein Irrsinn!

KAYLA: Wie sind sie nur darauf gekommen, dass es mehrere Götter geben soll? Für mich ist das Gotteslästerung!

SPRECHER: Seht, da kommen zwei Babylonier hinzu. Ich bin sehr gespannt, wie das Gespräch weitergeht. Das könnte Ärger geben …

BEHRUZ: Was habe ich da gerade gehört? Euer Gott ist allmächtig? Er kann aber niemals so mächtig sein wie unsere Götter, geschweige denn allmächtig. Denn ihr seid babylonische Gefangene: Euer Gott scheint euch nicht besonders zur Seite zu stehen und euch zu helfen. Ich denke, er ist schwach. Vermutlich existiert er gar nicht!

NINEB: Das sehe ich genauso! Aber unsere Götter existieren: Marduk, der große Gott Babylons, steht dem Götterhimmel vor. Samas ist der Sonnengott und der Gott der Gerechtigkeit, Ninurta, der Gott der Schlachten …

AARON: Pah! Eure Götter können sich nur um ein bis zwei Dinge des Lebens kümmern. Unser Gott dagegen kann alles und benötigt von niemandem Hilfe.

BEHRUZ: Marduk ist der Schöpfer der Welt! Er ist der höchste Gott von allen Göttern. Er schuf Himmel und Erde.

NINEB: Genau! Er tötete die Göttin Tiamat, die sich in einen Drachen verwandelt hatte. Ihren Köper teilte er. Daraus baute er den Himmel und die Erde.

BEHRUZ: Alles, was ihr seht, wurde von Marduk geschaffen.

AARON: Und die Menschen? Wie sollen die entstanden sein?

BEHRUZ: Marduk vollendete sein Werk, indem er den Menschen aus dem Blut des Gottes Kingu schuf. Der Mensch soll den Göttern dienen und sie verehren.

KAYLA: Der Mensch soll aus Blut entstanden sein? Igittigitt. Und überall Gewalt! Und dann: Ihr seid die Sklaven eurer Götter? Müsst sie fürchten als grausame Herren?

AARON: Ich mag nicht glauben, dass die Welt durch Krieg und Tod der Götter entstanden sein soll. In so einer Welt möchte ich nicht leben. Es gibt auch Schönes und Gutes auf der Welt.

NINEB: Wir dienen unseren Göttern aber gern! Die sagen uns, was wir machen müssen – und wir müssen nichts entscheiden. Wer nichts entscheidet, macht auch nichts falsch.

BEHRUZ: Und dass wir viele Götter haben, ist doch genau richtig: Wie soll denn ein Gott für die ganze Welt zuständig sein? Das schafft der doch gar nicht! Er kann niemals überall sein.

NINEB: Das sieht man ja an euch, ihr seid Gefangene! Euer Gott hat euch im Stich gelassen, weil er zu sehr mit anderen Dingen beschäftigt ist! Wahrscheinlich interessiert er sich eh nicht für euch.

BEHRUZ: Ich glaube sogar: Euer Gott existiert gar nicht. Euer Glaube taugt nichts. Glaubt lieber an unsere Götter! Dann wird es euch bald besser gehen.

KAYLA: Ist das wirklich alles so einfach? Eure Götter sind auch nicht sofort zur Stelle, wenn es euch schlecht geht. Auch ihr habt Kranke, Tote und Traurige. Auch die Sieger im Krieg haben Verluste. Da eilt keiner eurer Götter herbei und bewahrt euch vor allem Übel!

AARON: Unser Gott wird uns eines Tages helfen. Er stellt uns wohl gerade auf eine Probe. Aber er würde uns nie verlassen. Immer wieder erbarmt er sich, selbst wenn wir etwas falsch machen. Er zeigt uns immer wieder den richtigen Weg!

KAYLA: Und außerdem, dass die Gestirne Götter sein sollen, daran kann ich nicht glauben. Und warum soll der Mensch von etwas Bösem abstammen? Erklärt es mir!

Aaron zieht Kayla zur Seite.

AARON: Lass nur Kayla, es lohnt sich nicht, mit den Babyloniern über ihren Glauben zu diskutieren. Sie werden nicht umdenken.

Babylonier ab.

KAYLA: Ach, Aaron! Was wird nur aus uns? Werden wir je wieder frei sein? Und unsere Kinder – was wird aus unseren Kindern? Werden sie bald wie die Babylonier sein? Und werden sie an die falschen Götter Babylons glauben?

AARON: Ich fürchte, das könnte geschehen … Es dauert zu lange. Und Babylon ist stark …

KAYLA: Lass uns aufschreiben, was wir von unserem Gott wissen! Lass uns aufschreiben, was wir glauben! Dann geht es nicht verloren. Dann werden unsere Kinder und unsere Enkel Gott Jahwe nie vergessen.

Baustein 4: Die Schöpfungserzählung der Juden

Zwei Möglichkeiten der Darstellung

Die Textversion der beiden Alternativen zur Darbietung der Schöpfungserzählung (1 Mose 1) sind identisch. Bei der *Variante A* wird zu jedem „Tag" ein Bild (der Konfis) mittels Beamer projiziert. Bei *Variante B* ist die Kirche ganz dunkel. Die Texte werden (Taschenlampe!) hymnisch getragen vorgelesen. Nach jedem „Tag" wird eine Kerze mehr am Menora-Leuchter entzündet. Ein Instrument (Orgel, Klavier, Gitarre oder mehrere Flöten) baut einen mit jedem Tag wachsenden Klangteppich auf, der am siebten Tag auch in eine Choralmelodie münden kann.)

LITURG/IN: Das Schöpfungsloblied der Juden geht so …

Am Anfang war alles dunkel und ungeordnet. Aber Gott war schon da. Und Gott sprach: Es werde Licht! Da wurde das Licht. Licht und Dunkelheit schied Gott am ersten Welt-Tag.

Zwischen den Wassern soll ein Gewölbe entstehen, sprach Gott. Da trennte sich das Wasser oberhalb des Firmaments vom Wasser unterhalb des Firmaments. Das war der zweite Welt-Tag.

Gott sprach: Das Wasser soll sich zu Meeren sammeln. Und an anderen Stellen soll sich Land bilden. Pflanzen sollen aus der Erde wachsen, viele verschiedene Arten. Sie sollen Früchte und Samen tragen. So geschah es. Und Gott sah, dass es gut war. Das war der dritte Welt-Tag.

Und Gott sprach: Lichter sollen werden, ein großes Licht für den Tag und ein kleines Licht für die Nacht, dazu die Sterne. So geschah es. Und Gott sah, dass es gut war. Das war der vierte Welt-Tag.

Und Gott sprach: Im Wasser und in der Luft sollen Tiere leben, Fische und Vögel. Und es wurde so. Und Gott segnete die Fische und Vögel. Gott sah, dass es gut war. Das war der fünfte Welt-Tag.

Und Gott sprach: Auf dem Land sollen viele verschiedene Tiere entstehen. So geschah es. Und Gott sah, dass es gut war. Und Gott sprach: Menschen sollen werden als meine Ebenbilder, meine Stellvertreter. Sie sollen die Erde bebauen und bewahren. Stellvertretend für mich sollen sie auf Pflanzen und Tiere aufpassen.

Und da wurden Menschen, männliche und weibliche Ebenbilder Gottes. Gott segnete sie. Und er sah alles an, was durch ihn entstanden war. Und es war sehr gut! Das war der sechste Welt-Tag.

Und am siebenten Tag vollendete Gott sein Werk durch Ruhe und Freude an allem Geschaffenen.

Einsatz auch von Pedal: Orgelklänge, die mit einem vielstimmigen Akkord oder einer Choralmelodie enden. Das Licht geht wieder an.

Habt ihr es eben gesehen und gehört? Das ganze Loblied der Juden läuft auf den siebten Tag zu: Zeit haben für sich und andere, auftanken und danken! Jeder Sonntag – ein Fest der Lebensfreude!

Baustein 5: Und heute ...?

Eine 2 500 Jahre alte Geschichte zur Entstehung der Welt: Kann daran noch etwas wichtig für uns sein? Die Wissenschaft hat sich doch heute bis auf ein paar Zehntelsekunden an den Anfang der Welt herangetastet.

Das stimmt. Wir wissen heute viel mehr über die Entwicklung von Kosmos und Erde. Wir wissen heute: Die Erde ist rund, keine Scheibe. Es gibt keinen Himmelsozean über der Luft und keinen Urozean unter der Erde.

Und Sonne Mond und Sterne denken wir uns nicht an einem Gewölbe befestigt. In Milliarden von Jahren wurde die Erde. In Millionen von Jahren entwickelten sich Tiere und Menschen. Was die Naturwissenschaft herausfand dazu, ist spannend und allgemein akzeptiert.

Aber einer – so sagen Christen, Juden und Muslime – hat mit allem zu tun: Gott, die Quelle des Lebens. Wie Gott damit zu tun hat, das können wir nicht sagen. Aber wir glauben wie der Erzähler von damals, dass Gott die Quelle, der Urgrund allen Lebens ist.

Wir freuen uns an den guten Gaben Gottes und danken dafür. Und wir glauben wie der Erzähler damals: Gott hat uns Menschen die Erde anvertraut. Wir sollen sie behüten und bewahren. Ist das nicht eine hohe Würde, als Stellvertreter Gottes an der Weiterentwicklung der Schöpfung beteiligt zu sein?

3 Gottesdienst – eine „Tankstelle"

Vorbereitende Schritte

Die Kirche als Gottesdienstraum ist den KU4-Kindern bereits elementar vertraut. Jetzt geht es um Kirche als Gemeinschaft und um ein elementares (lutherisch geprägtes) Verständnis von Gottesdienst.

Im KU4 wird – elementar und anschaulich – erarbeitet, was die Rede vom dreieinigen Gott ausdrücken will. Ebenfalls wird ein elementares Verständnis von Kirche angebahnt als einer Gemeinschaft, die Jesus Christus in seiner Botschaft wie seinem Handeln nachfolgen will.

Auf diesem Hintergrund wird ein doppeltes Verständnis von Gottesdienst grundgelegt: Der Gottesdienst hat zwei Seiten wie eine Münze – die eine ist die gottesdienstliche Feier, die andere der Dienst in der Welt.

In der sonntäglichen Feier trifft man sich, um Lob, Dank, Ängste, Sorgen und Bitten vor Gott zu bringen, sie abzugeben und damit Gelassenheit zu erlangen. Im Abendmahl vergewissert man sich der Nähe Gottes und der geschenkten Zusammengehörigkeit. All dies kann neue Kraft, Mut und Zuversicht spenden. Im Nachdenken über einen Bibeltext reflektiert man den bisherigen Weg (den privaten wie gesellschaftlichen) und ebenso die künftige Strecke.

Der Gottesdienst in der Kirche kann also mit einer „Tankstelle" verglichen werden, die einen für den „Dienst an der Welt" (in Familie, Nachbarschaft, Schule, Beruf, Verein, Ehrenamt o. Ä.) zurüstet und mit „Treibstoff" (Kraft, Mut, Hoffnung, Liebe, Besonnenheit) versorgt.

Alle Konfis haben für sich ein Modell des zweiseitigen Gottesdienstes gebaut: Ein gelbes Papierdreieck symbolisiert den dreieinigen Gott. Ein blauer Kreis (strahlenförmig innen ausgeschnitten, so dass GOTT aufscheint und alle Herzen erreichen kann) mit Strichmännchen, die sich an den Händen halten, symbolisiert die sonntägliche Feier. In der strahlenden Mitte finden sich Symbole, die das Geschehen in der sonntäglichen Feier repräsentieren: Noten, Bibel, Abendmahlsgeschirr o. Ä.

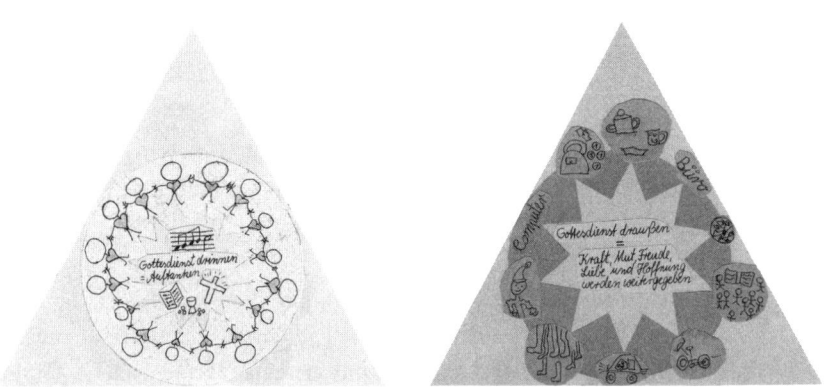

Auf die Rückseite des Dreiecks ist ein (ebenfalls strahlenförmig ausgeschnittener) grüner Kreis geklebt, in den die Kinder die Tätigkeiten gemalt haben, für die sie selbst bzw. ihre Familienangehörigen Kraft, Mut und Zuversicht brauchen.

Gegebenenfalls haben einige Kinder den Gottesdienst als „Tankstelle" auch aus Altmaterialien gebaut (Gruppenarbeit). Die Skulpturen werden fotografiert und fließen mit in die Präsentation der Kinder ein. Als reale Artefakte sind sie nach dem Gottesdienst in einer Ausstellungsecke der Kirche anzusehen.

Ausstattung des Kirchenraums

Leinwand, Beamer, Laptop mit Powerpointpräsentation der Bilder bzw. Basteleien der Konfis.

Auf dem Altar (oder einem kleinen Tisch im Altarraum) steht ein Dreiecksleuchter (das Dreieck kann auch aus Pappe geschnitten und mit einem Loch in der Mitte auf einen normalen Leuchter gestülpt werden). In seinem Umkreis sind drei Drittel gestaltet:

1. Plastikfiguren (Spielzeug): Tiere und Menschen

2. Kruzifix; Bilder mit Jesusgeschichten

3. Symbolbilder zum Wirken des Heiligen Geistes

Der Leuchter ist zunächst mit einem Tuch verhüllt. Rund um das Ensemble liegen einige große aus Papier ausgeschnittene bunte Hände.

Ablauf

Element	Beispiel	Baustein
Musik zum Eingang		
Begrüßung		
Eingangslied	Kanon: Wo zwei oder drei	
Psalm im Wechsel		
Meine Hoffnung und meine Freude / Kyrie / Gloria		
Kollektengebet		
Lesung	2 Tim.1, 6–7	
Murmelphase	Wo bin ich müde, leer …?	
Lied	Rahmt die Murmelphase	
Präsentation		Baustein 1
Oder: Rollenspiel		Baustein 2[7]
Bewegungslied	z.B. Wir wollen aufstehn (Clemens Bittlinger)	
Voten, Überleitung		Baustein 3
Lied	EG 229	
Abendmahl		
Lied	Wenn das Brot, das wir teilen	
Tauferinnerung[8]		
Abkündigungen		
Lied	EG 175 („Herr" durch „Gott" ersetzen)	
Fürbitte und Vaterunser		
Segen		
Musik zum Ausgang		

---

7 Auch auf www.v-r.de bei der Nennung des Titels zum Ausdruck.
8 In regelmäßigen Abständen finden im Gottesdienst *Tauferinnerungen* statt. Konfirmand/innen, deren Tauftag sich in zeitlicher Nähe zum Gottesdienst jährt, werden nach vorn gerufen. Sie bekommen eine individuell gestaltete symbolische Gabe überreicht, die ausdrücken soll, dass sich die Gemeinde freut, mit ihnen gemeinsam auf dem Weg zu sein. Diese Tauferinnerung soll sowohl die Bedeutung der Taufe als auch die Wertschätzung der Gemeinde für ihre Heranwachsenden hervorheben.

Baustein 1 Der Dreiecksleuchter

Das Arrangement wird enthüllt.

Zwölf Sprechtexte sind hier vorgesehen; benötigt werden also 12 (6 / 3) SprecherInnen. Natürlich sollen diese so formulieren, wie sie die Sache verstanden haben. Die hier abgedruckten Texte dienen nur als Grundlage.

Sprechtext 1

Kirche – das ist zum einen ein Gebäude. Wir sind gerade alle drin. Aber dann ist da noch was: Kirche, das sind auch wir Menschen. Die Gemeinde. Und schließlich: der Gottesdienst. Warum gehen Leute da sonntags hin? Und warum heißt das „Dienst", wenn sie da doch gar nicht arbeiten?

Sprechtext 2

Viele schwere Fragen auf einmal. Beginnen wir bei der Gemeinde. Christen glauben an einen Gott. Aber er wird dreieiniger Gott genannt. Was soll das bedeuten? Das Bild des Leuchters kann uns helfen, es zu verstehen. Gott ist nur einer. Dafür steht die eine Kerze in der Mitte.

Sprechtext 3

Aber Gott zeigt sich auf dreierlei Weisen. Dafür stehen die drei Seiten dieses Leuchters. Einmal zeigt sich Gott als Schöpfer. Dafür stehen hier die Tiere und die Vase mit Pflanzen.

Sprechtext 4

Dann zeigt sich Gott in Jesus. Das ist die zweite Seite. Da haben wir jetzt ein Kreuz hingestellt. Jesus hat vom Reich Gottes erzählt. Es fängt da an, wo für Kranke und Arme gesorgt wird, wo man Freude und Leid teilt, wo Gerechtigkeit, Frieden und Liebe herrschen. Jesus hat das vorgelebt.

Sprechtext 5

Die dritte Seite sagt: Gott zeigt sich auch heute als Kraft der Liebe. Das ist etwas wie unsichtbare Energie. Menschen und Welt werden erfrischt, bewegt und verändert, wenn die Liebe weitergegeben wird. Das haben wir hier dargestellt – wie Menschen Menschen beistehen und Liebe schenken.

Sprechtext 6

Die Figuren hier: Das ist die Kirche als Gemeinde. Kirche als Gemeinde sind die Menschen, die das weiterführen wollen, was Jesus angefangen hat. Sie treffen sich deshalb regelmäßig „im Namen des dreieinigen Gottes". Das ist der Gottesdienst in der Kirche.

Sprechtext 7

Im Gottesdienst schöpfen sie Kraft, Mut, Liebe und Hoffnung. Sie füllen sozusagen ihren inneren Tank auf für das, was sie in Familie, Schule, Beruf, Verein usw. tun haben. Dafür stehen die Hände, die hier unten ringsum liegen.

Sprechtext 8

Der Gottesdienst hat also zwei Seiten: Eine gibt es drinnen in der Kirche, wenn Menschen dort singen, beten und über die Bibel und ihr Leben nachdenken und sprechen. Und die andere Seite ist draußen, da, wo Menschen arbeiten. Also, wo die Leute eben Dienst tun. Dazu brauchen sie ja Kraft, Mut, Liebe und Hoffnung.

Sprechtext 9

Damit wir uns gut merken können, dass der Gottesdienst zwei Seiten hat, haben wir uns ein Modell gebaut. Das gelbe Dreieck steht für den dreieinigen Gott, den Gott mit den drei Seiten.

Reale großformatige Modelle der „Medaille" hoch halten oder Beamer-Bild.

Sprechtext 10

Der blaue Kreis steht für den Gottesdienst drinnen: Singen, beten, feiern. Das ist Gottesdienst als Tankstelle. Die Strahlen sollen Kraft, Mut, Hoffnung und gute Ideen ausdrücken, die jeder dort „tanken" kann, wenn er Kopf und Herz aufmacht.

Sprechtext 11

> Wenn man das Dreieck umdreht, sieht man einen grünen Kreis. Das ist der Gottesdienst draußen. Da haben wir hingemalt, wozu wir selbst und Papa oder Mama viel Kraft, Mut und gute Ideen brauchen. Das ist natürlich bei jedem anders …

Sprechtext 12

> Weil es Spaß macht, sich den Gottesdienst in der Kirche als Tankstelle für Menschen vorzustellen, deshalb haben wir aus alten Sachen lauter solche Tankstellen gebaut.

Die von Kindern gebauten Modelle projizieren und die Erklärungen dazu von den Kindern vortragen lassen; alternativ: Eine Ausstellung hinten in der Kirche machen und die Kinder nach dem Gottesdienst die Exponate erklären lassen.

Baustein 2 (Alternativ zu 1): Spielszene

Mehrere Kinder (SprecherInnen 1 bis 4 und beliebige weitere) treffen sich in der Mitte des Chorraums.

Sprecher 1: Hey, wo kommt ihr denn her?

Sprecher 2: Na, aus der Kirche, vom Gottesdienst!

Sprecher 3: Guck, da kommen noch mehr Leute!

Sprecher 1: Vom Gottesdienst kommt ihr? *Dienst* haben die Leute doch während der Woche. Meine Eltern sagen jedenfalls immer, dass sie zum Dienst gehen, wenn sie morgens losziehen zur Arbeit.

Sprecher 4: Aber heute ist Sonntag, heute haben alle frei. – Habt ihr gearbeitet in der Kirche?

Sprecher 3: Nee, gearbeitet haben wir da nicht.

Sprecher 2: Das war eher eine Feier.

Sprecher 1: Das heißt Dienst und in echt ist das eine Feier? Wie sonderbar!

Sprecher 4: Was habt ihr denn da gemacht?

Sprecher 2: Och, da haben wir gesungen, Geschichten gehört, miteinander Brot und Saft geteilt. Und all das, was uns freut oder Sorgen macht, Gott erzählt. Und dann war es auch schön, nachher mit anderen noch zu reden.

Sprecher 3: Wir haben unsern Tank richtig vollgemacht für die neue Woche!

Sprecher 1 und 4: Was? Wie? *(ratlos; fassen sich an die Köpfe.)*

Sprecher 1: Jetzt versteh ich gar nichts mehr. Erst redet ihr was von Dienst und dann feiert ihr nur. Und nun soll noch ein Tank voll sein?

Sprecher 4: Zeig mal, wo hast du denn deinen Tank? Ich sehe gar keinen. Und was soll das mit der neuen Woche? *(Beide schütteln die Köpfe.)*

Sprecher 2: Der Tank hat mit dem Dienst zu tun! Dazu braucht man den doch!

Sprecher 3: Wie soll mein Motor laufen, wenn er keinen Treibstoff hat?

Hier könnte man ein paar Kinder mit umgehängten Kartons, wo Autos drauf gemalt sind, durch die Kirche schicken mit Motorgeräusch. Die halten dann an „Tankstellenschildern" und rufen nach Sprit. Dann kommt eine Hand mit einem Schlauch raus, und sie werden vollgetankt. Dann geht es mit Autogeräuschen wieder ab. Die Autos verschwinden dann irgendwo und das Spiel wird fortgesetzt.

Sprecher 1: Meinst du das so wie dort? Bin ich denn ein Auto?

Sprecher 4: Ihr seid nicht ganz dicht! Ich jedenfalls habe weder Tank noch Motor.

SPRECHER 3: Mensch, das ist doch nur so ein Vergleich für das, was Menschen antreibt. Die treibt ihre Kraft zum Fühlen und zum Denken. Ihr Herz und ihr Kopf, sozusagen.

SPRECHER 2: Kennst du das nicht, dass deine Eltern sagen: „Ich bin völlig alle! Bei mir läuft nichts mehr!"? Meine Eltern sagen so was öfter.

SPRECHER 1: Ach, so meinst du das! Doch, ja, meine Eltern sagen auch manchmal, dass sie völlig alle sind. Ausgepumpt, leer und fertig.

SPRECHER 4: Und dazu geht ihr in die Kirche, dass ihr dort innen drin aufgetankt werdet?

SPRECHER 3: Genau! Mit neuer Kraft, Mut, Liebe, ja, und Gelassenheit.

SPRECHER 4: Aber das ist doch dann auch kein Dienst, keine Arbeit. Da sind die Leute dann nicht mehr alle … Aber wo ist die Arbeit?

SPRECHER 1: Wenn es da aber keinen Dienst gibt, dann ist „Gottes-Dienst" doch ein völlig falsches Wort!

SPRECHER 2: Stimmt! Aber das, was in der Kirche passiert, ist auch nur die eine Hälfte vom Gottesdienst. Das Auto bleibt ja auch nicht bei der Tankstelle stehen, wenn es vollgetankt ist.

SPRECHER 3: Und die Menschen, die in der Kirche sozusagen aufgefüllt worden sind mit Freude, Mut, Kraft, guten Ideen und so weiter, die gehen dann heim zu ihren Familien oder Nachbarn, zur Schule oder Arbeit und in ihre Ehrenämter. Und *da* tun sie ihren Dienst. Gott braucht die Herzen, Köpfe und Hände von Menschen für seine Arbeit!

SPRECHER 1: Ach so: Der Dienst ist draußen, außerhalb von der Kirche! Das ist wie beim Auto die Straße!

SPRECHER 2: Genau, der Dienst ist draußen in der Welt. Auf dem Lebensweg. Da schenkt man das weiter, was man vorher an Kraft, Liebe und Besonnenheit geschenkt bekommen hat.

SPRECHER 3: Der Gottesdienst hat zwei Seiten, wie eine Medaille oder ein Geldstück. Guckt mal: Hier haben wir das mal so aufgeklebt, dass man sich das gut merken kann:

Sprecher 2 und 3 zeigen das Klappbild, für die Gemeinde erscheint es als Beamerbild.
Jetzt kann das Spiel entweder weiter im Dialog zwischen den Kindern gehen (vgl. die Formulierungsvorschläge von Baustein 1) oder Sprecher 2 und 3 wenden sich jetzt direkt der Gemeinde zu.

Das gelbe Dreieck in der Mitte bedeutet … usw. gemäß Baustein 1.

Baustein 3: Abschluss (Skizze)

Bibeltext, Liedinhalte und Thema des Gottesdienstes werden verknüpft.

Den Bibeltext noch einmal vorlesen: Der offenbar „ausgepumpte" und entmutigte Timotheus wird daran erinnert, dass er eine Quelle von Kraft, Liebe und Besonnenheit kennt, die Furcht, Verzagtheit zu vertreiben vermag: Gottes Geist, der denen zugesagt ist, die sich im Namen Gottes zusammenfinden, um Jesu Botschaft vom Reich Gottes zu leben und anderen weiterzugeben.

Timotheus ist leer. Aber er soll sich wieder erfüllen lassen von diesem Geist der Kraft und der Liebe und der Besonnenheit. Der Gottesdienst in der Kirche kann (und will) eine „Tankstelle" sein. Zeichenhaft wird im Abendmahl vorweg wahr gemacht, was Gemeinschaft im Reich Gottes ausmacht: Kranke und Gesunde, schulisch oder beruflich Erfolgreiche und Loser, Alte und Junge, Leute mit sauberer Vergangenheit und solche mit Dreck am Stecken: Sie alle begegnen sich auf Augenhöhe und vergeben einander ihre Fehler. Sie teilen das Brot miteinander und den Wein und spüren ihre Verbundenheit miteinander als gleichwertige Kinder Gottes.

Wo dies geschieht, dass Menschen ihre Güter teilen, sich gegenseitig akzeptieren, einander trösten und helfen, da wohnt Gott schon unter uns, hat bei uns schon sein Haus gebaut. Wo die Liebe wohnt, da wohnt Gott. Dies feiernd zu erleben kann uns erfüllen…

4 Wurzeln des „Kyrie"

Vorbereitende Schritte

Elementare Einführung der Konfirmanden in die Situation der frühen Christenheit im Römischen Reich: Der Anspruch der Kaiser auf Verehrung als Gottessohn bzw. Gott stößt auf erbitterten Widerstand bei Juden und Christen. Noch im dritten und vierten Jahrhundert werden Christen wegen Verweigerung / Ablehnung des Kaiserkultes gefoltert oder gar hingerichtet.

Thematisierung der Herkunft und Bedeutung des Kyrie eleisons wie der Elemente des Gloria Patri im Unterricht und Einübung der Theaterszenen.

Ausstattung des Kirchenraumes

Mittels einiger Decken und Sitzkissen auf einem Podium werden verschiedene Räume angedeutet (siehe Baustein 1).

Ablauf

Element	Beispiel	Baustein
Musik zum Eingang		
Begrüßung mit Ankündigung Spiel statt Predigt		
Eingangslied		
Spielszenen		Baustein 1[9]
Meine Hoffnung und meine Freude / Kyrie / Gloria		
Lesung (kann entfallen)	Mt 22,15–22[10]	
Lied		
Fürbitten		
Vaterunser und Segen		

---

9 Auch auf www.v-r.de bei der Nennung des Titels zum Ausdruck.

10 Falls man trotz der Länge des Spiels nicht auf einen Bibeltext und dessen Auslegung ver-
zichten möchte, wäre Mt 22,15–22 geeignet. Eine kurze Auslegung könnte eine Brücke zum
Spiel schlagen: Dem Kaiser / Staat sind wohl Steuern zu zahlen, göttliche Verehrung kann
er jedoch nicht beanspruchen.

Baustein 1: Als das Christentum verboten war

Rollen

entlaufener Sklave Joram; Christen in Rom: Junia, Rufus, Lucia, Gaius; dann Herold, Fackelträger, Träger von Insignien, Kaiser, Soldaten.

Im Hafen

Joram lehnt an Hafenmauer (Altar; entsprechend verkleidet).

JORAM: Gott sei Dank! Ich habe es geschafft, geschafft, geschafft! Ach, was bin ich froh! Das Schiff ist weggefahren ohne mich. Jetzt bin ich frei, richtig frei! Ich kann es gar nicht fassen! Danke, Gott, dass du mir geholfen hast, frei zu kommen! Es war ja so schrecklich auf diesem Schiff! Nur schuften, fast kein Essen und dann noch dauernd Schläge von den Aufsehern, damit wir noch mehr aus uns herausholen an Segeln und Rudern … Meine Flucht ist geglückt, Halleluja! Danke, Gott! *(denkt nach)* Frei bin ich jetzt, kein Sklave mehr… toll… *(Pause)* Aber wie geht es mit mir weiter? Ich kenne hier doch keinen! Und ich habe nichts außer meinen Kleidern, die inzwischen zum Glück wieder trocken sind … Ich habe keine Verwandten hier, keine Wohnung, keine Arbeit und bin völlig schutzlos in dieser großen Stadt … *(Pause)* Wie finde ich Leute, mit denen ich in Frieden zusammenleben kann? In Jerusalem hatte ich unsere Gemeinde. Die war für mich wie eine große Familie. Ob es hier auch Christen gibt? Ich muss das rausfinden! Bloß wie? *(Pause)* Na, ich werde mal hier ein kleines Zeichen an die Hafenmauer malen, vielleicht wird ja jemand darauf aufmerksam.

Joram malt die Umrisse eines Fisches. Etliche Leute gehen vorbei, achten aber nicht auf Joram. Dann nähert sich ein junges Mädchen. Sie stellt sich so vor Jorams Zeichen, dass die anderen Passanten es nicht mehr sehen können.

JUNIA: Sei vorsichtig, Fremder, wisch das lieber schnell weg! Bist du Christ?
JORAM*(nickt)*: Ja, ich bin Christ. Und ich suche hier nach anderen Christen. Deshalb habe ich das da dran gemalt. Warum soll ich das denn wegwischen?

JUNIA: Weil die römischen Behörden inzwischen dieses Zeichen der Christen kennen. Sie wissen, dass der Fisch für Jesus Christus steht. Und das ist gefährlich!

Sie streckt ihm die Hand hin, die Joram ergreift und schüttelt.

JUNIA: Ich heiße Junia und gehöre wie du zu den Christen. Willkommen in der Gemeinde in Rom! Ich führe dich zu den anderen. Aber wisch bitte erst mal schnell den Fisch weg, damit wir uns hier niemand erkennt.

Joram wischt den Fisch weg, wendet sich dann Junia zu.

JORAM: Dieses Zeichen hat ja seinen Zweck erfüllt. Ich habe dich gefunden. Gott sei Dank! Was bin ich froh, dass es hier auch eine Gemeinde gibt und du mich dahin mitnimmst. Ich kam mir gerade ganz verloren vor in dieser großen, fremden Stadt!

Beide ab, durch rechten Vorhang.

In der Katakombe

Christen sitzen eng beieinander auf Sitzkissen im Chorraum auf Podium links unter angedeuteter Decke, ein paar Kerzen stehen da.

RUFUS: Friede sei mit euch, meine Lieben! Unser Herr Jesus Christus sprach: „Wo zwei oder drei versammelt sind in meinem Namen, da bin ich mitten unter ihnen." *(mit erhobenen, offenen Händen)* Gott, wir sind heute in deinem Namen hier an einem verborgenen Ort versammelt als kleine, verfolgte Schar. Wir vertrauen darauf, dass du jetzt mitten unter uns bist und uns Mut, Kraft und Zuversicht gibst. Lass uns Wege finden, wie wir in diesen schweren Zeiten als Christen weiterleben können.

ALLE: Amen!

RUFUS: Lasst uns gemeinsam Gott mit einem Lied loben. Aber nicht gar zu laut. Die Leute draußen müssen es nicht mitkriegen, dass wir uns hier versammeln.

Alle singen mit gedämpften Stimmen mehrmals „Laudate omnes gentes“. Zwischendurch klopft es plötzlich. Alle schrecken zusammen, sind still.

RUFUS: Wer ist da? Nennt euern Namen!

JUNIA *(noch hinter dem Vorhang links)*: Ich bin es, Junia. Und ich habe noch einen Gast mitgebracht aus der Gemeinde von Jerusalem.

RUFUS: Ein Gast aus Jerusalem? Das freut mich. Wir machen gleich die Tür auf …

GAIUS: Vorsicht, Rufus. Vielleicht soll da ein Spitzel eingeschleust werden. Wer weiß, ob das die echte Junia ist, unsere Freundin. Sie soll noch das Passwort sagen!

RUFUS: Ich denke, dass ich Junias Stimme gut kenne. Aber du hast recht. Wir sollten vorsichtig sein. Sag uns bitte das Passwort!

JUNIA: Jesus Christus ist Kyrios (Herr)! Amen!

RUFUS: Gaius, du siehst, es ist wirklich Junia. Lass sie mit dem Fremden eintreten!

Gaius eilt zum Vorhang und lässt beide ein. Die beiden bleiben zunächst vor der sitzenden Gemeinde stehen und heben die Arme zur Orantehaltung.

JUNIA UND JORAM: Friede sei mit euch!

Sie verbeugen sich, Rufus macht eine einladende Geste, worauf sie sich setzen.

RUFUS: Friede sei auch mit euch! Seid gegrüßt, Freundin Junia, und auch du, Fremder! Du kommst aus Jerusalem? Was führt dich her?

JORAM: Ein schmerzvoller Weg führt mich her. In Jerusalem diente ich als Sklave einem freundlichen Herrn, der mir erlaubte, am Leben der christlichen Gemeinde teilzunehmen. Er hatte auch nichts dagegen, dass ich mich taufen ließ. Manchmal kam er mit seiner Frau sogar selbst mit zu den Gottesdiensten. Dann kriegten sie beide, mein Herr und seine Frau, das böse Fieber. Sie starben innerhalb von einer Woche. Da sie kinderlos waren, gehörte ich nun dem Neffen. Der verkaufte mich an einen Schiffseigner. Ein halbes Jahr ist das nun her. Von da an musste ich bei kärglichstem Essen Tag und Nacht schuften auf dem Schiff und bekam dazu noch täglich Hiebe. In jedem Hafen hoffte ich fliehen zu können. Aber vergeblich – gestern Nacht. Da hatten die Wachen viel Wein getrunken und schliefen fest. Und meine Stricke waren so schlampig gebunden, dass ich sie abstreifen konnte. Ich bin leise fortgeschlichen, habe mich ins Wasser gleiten lassen und bin ans Ufer geschwommen. Dort habe ich mich in den Trümmern eines Tempels versteckt. Keiner hat mich gefunden: Gott sei Dank!

Man hört von Ferne Gongschläge, laute Stimmen …

LUCIA: Du hast allen Grund, Gott zu danken, wirklich! Aber wir auch! Nämlich, dass wir gerade jetzt hier drinnen sitzen, wo uns niemand sieht! Horch mal! *(Geräusche!)*

JORAM: Was ist da los? Warum müsst ihr euch fürchten?

LUCIA: Da ist gerade wieder einmal der Kaiser vorbeigezogen mit seinen Herolden, Fackelträgern und all der Pracht, die zu solch einem Aufzug gehört. Schlimm!

JORAM: Was ist daran so schlimm? Das sieht doch bestimmt schön aus.

LUCIA: Schlimm ist es, weil alle, die dem Kaiserzug begegnen, sich auf die Erde werfen müssen und ihn anbeten. „Kyrie eleison" sollen sie den Kaiser dabei anrufen! Und sie sollen den Kaiser als Sohn Gottes und als Friedensbringer preisen und anbeten!

JORAM: Das ist ja unglaublich! Den römischen Kaiser als Sohn Gottes und als Friedensbringer verehren? Das ist mir ein schöner Friedensbringer, der die Völker ringsum durch seine Soldaten niederknüppeln lässt. Macht ihr das mit? Werft ihr euch vor ihm hin?

LUCIA: Das ist verschieden, je nachdem, wie viel Angst jemand in solch einer Situation hat. Wer sich weigert, dem Kaiser zu Füßen zu fallen, für den kann das schlimme Folgen haben. Und nicht jeder von uns ist immer mutig. Vor allem versuchen wir, dem Kaiser und seinen Soldaten möglichst nicht zu begegnen.

RUFUS: Ja, Joram, es ist gefährlich für Christen in Rom momentan. In Jerusalem ist ja der Kaiser mit seinem Kult weit weg, deshalb habt ihr von unseren Schwierigkeiten wohl auch noch nichts gehört. Aber hier geht es jetzt brutal zu, um die Autorität des Kaisers zu stützen. Dem Sohn Gottes zu widersprechen, ihn zu kritisieren, wer würde sich das trauen? Wer den Kaiser als Gott verehrt, macht Karriere! Und wer es nicht tut, wird hart bestraft, manchmal sogar mit dem Tod.

Gaius zupft Rufus mehrfach am Rock.

GAIUS: Rufus, die Ausgangssperre! Es wird bald dunkel. Wir sollten jetzt alle schnell nach Hause gehen. Denn wenn die Soldaten jemanden von uns bei Dunkelheit auf der Straße schnappen, gibt es gleich neue Schwierigkeiten.

JORAM: Schade, dass jetzt alle gehen müssen. Ich dachte, wir feiern gleich Gottesdienst und essen zusammen das Mitgebrachte. So machten wir es in Jerusalem.

LUCIA: So machten wir es früher auch. Aber das geht nicht mehr. Wir können uns nur noch ganz früh morgens zum Gottesdienst treffen. Und seitdem fällt das gemeinsame Essen weg, das sonst immer zum Gottesdienst gehörte. Wir teilen zwar noch ein wenig Brot und einen Becher Wein, nachdem sie gesegnet sind. Aber das ist kein Mahl zum Sattessen mehr. Als Zeichen der Verbundenheit mit Jesus Christus und untereinander ist uns das trotzdem sehr wichtig …

RUFUS: Ja, schade, dass wir nicht mehr wie früher Abendmahl feiern können. Wir diskutieren oft darüber, was alles zu unserem neuen Gottesdienst dazugehören soll.

JUNIA: Joram, ich denke, du wirst schrecklich hungrig sein. Und auch, wenn es hier in der Gemeinde kein richtiges Abendessen gibt, wirst du dich gleich satt essen können. Komm mit ins Haus meiner Eltern. Meine Mutter hat bestimmt das Essen schon fertig. Und meine Eltern werden dich gern als Gast empfangen!

Alle gehen ab durch den linken Vorhang.

Eine Straße in Rom

Im Chorraum (Straße in Rom) gehen verschiedene Menschen geschäftig und z. T. miteinander kommunizierend hin und her (mitspielende Eltern oder KV-Mitglieder?), Junia und Joram treten aus dem rechten Vorhang und mischen sich unter die Leute.

JORAM: Junia, ich bin dir und deinen Eltern von Herzen dankbar für eure Gastfreundschaft! War das schön, sich mal richtig satt zu essen! Und ohne Nachtarbeiten oder Angst vor Schlägen mal ganz ruhig zu schlafen! Wunderbar!

JUNIA: Das war doch selbstverständlich, Joram! Wir Christen halten auch sonst zusammen. Du kannst gern länger bei uns bleiben!

JORAM: Danke für das Angebot, Junia. Das nehme ich gern an für ein paar Tage. Aber so schnell wie möglich will ich eine Arbeit finden und mein Brot selbst verdienen. Vielleicht kriege ich in der Gemeinde einen Tipp, wo gerade Arbeitskräfte gesucht werden. Garten- und Feldarbeit wären mir recht, am liebsten aber Bauarbeiten; Zimmermann habe ich ja mal gelernt.

JUNIA: Bauleute werden hier eigentlich immer gebraucht in Rom. Da solltest du schnell etwas finden.

Man hört Gongschläge, Junia fährt erschrocken zusammen.

JUNIA: O Gott, der Kaiser kommt! Und wir können nicht mehr weg. Wenn wir jetzt weglaufen, verhaftet man uns gleich als Aufrührer … Was machen wir jetzt bloß?

Der Kaiserzug erscheint (durch den Mittelgang von hinten): Vorn geht ein Herold, danach kommen Lichtträger (Kerzen?), jemand trägt auf einem Samtkissen Schmuck / Wappen, dann kommt der Kaiser mit Krone, dann Soldaten. Die Passanten im Chorraum werfen sich nieder, als der Zug näher kommt. Junia und Joram drehen sich gegen eine Wand, so als ob sie den Kaiser mit seinem Gefolge gar nicht sähen.

HEROLD *(Gongschläge, ruft laut)*: Volk von Rom! Hier kommt der Kaiser, der Sohn Gottes. Huldigt ihm, dem großen Friedensbringer! Unser Kaiser, Friedensbringer für die ganze Erde! Ihm sei Ehre und Lobpreis und Dank!

VOLK *(zeitversetzt, laut ohne Mikro)*: Kyrie eleison, großer Kaiser, erbarme dich unser!

SOLDAT 1 *(brüllt Junia und Joram an)*: Hey, was ist mit euch? Habt ihr nicht gesehen, dass der Kaiser da ist? Auf die Knie mit euch!

Joram und Junia drehen sich zwar zu den Soldaten um, bleiben aber stehen.

SOLDAT 2 *(brüllt auch)*: Na, wird's bald? Runter mit euch, wenn der Friedenskaiser erscheint, der Sohn Gottes! Alle haben ihn zu ehren und zu preisen! Dalli, dalli!

Junia und Joram bleiben stehen.

SOLDATEN: Was soll das? Warum geht ihr nicht in die Knie?

JUNIA: Nur Gott gebührt die Ehre. Nur Gott schafft wirklichen Frieden! Und der Kaiser …

JORAM *(setzt Satz von Junia fort)*: Der Kaiser ist nicht der Sohn Gottes. Das ist Jesus!

Die Soldaten knüppeln auf die beiden ein. Junia und Joram liegen am Boden, schmerzverkrümmt, während der kaiserliche Zug weiterzieht und hinter dem rechten Vorhang verschwindet: Dort Kostüme ausziehen: Mitspieler legen sich ein altes Tuch um und kehren – jetzt als Christen – später, d. h. zur nächsten Szene, in den Chorraum zurück.

Junia und Joram bleiben liegen und rühren sich nicht. Erst als der Zug weg ist und die anderen Leute (Passanten) auch wieder aufgestanden sind, (Passanten verschwinden durch Mittelgang nach hinten, ziehen sich Verkleidung aus und nehmen als Gemeindeglieder wieder Platz im Gottesdienstraum) erheben sich Junia und Joram, offenbar noch mit Schmerzen, klopfen ein wenig ihre Sachen ab und gehen weiter. Man sollte ihnen dabei ihre Schmerzen noch ansehen!

JORAM: Mein Gott, war das ein Schrecken! So etwas habe ich noch nie erlebt!

JUNIA: Hier in Rom kann dir das öfter passieren, dass du solch einem Zug begegnest. Wir sind ja dieses Mal noch gut davon gekommen: Gott sei Dank!

JORAM: Ja, und ich bin dankbar, dass Gott uns eben die Kraft zum Widerstand gegeben hat! Wenn Herrscher als Gott verehrt werden, dann gelten staatliche Anordnungen ja als göttliche Gebote, egal wie gerecht oder ungerecht sie sind. Dann kann man die Herrscher und ihre Anordnungen überhaupt nicht mehr kritisieren!

JUNIA: Stimmt! Auch deshalb müssen wir Christen etwas dagegen tun. Wir müssen uns gegenseitig ermutigen, nie, nie, niemals staatliche Macht als etwas Göttliches zu verehren! Lass uns in der Gemeinde darüber reden!

Die beiden gehen ab (durch rechten Vorhang).

In der Katakombe

Christen sitzen zusammen bei Kerzenlicht. Man hört sie murmeln.

LUCIA: Was mag sein, dass Junia und Joram noch nicht da sind? Das war doch fest verabredet, dass wir uns um diese Zeit hier treffen!

RUFUS: Das verstehe ich auch nicht. Junia ist sonst immer pünktlich!

GAIUS: Hoffentlich haben die beiden unterwegs keinen Ärger bekommen. Auf dem Wege hierher hörte ich von weitem den Gong und die Stimme des kaiserlichen Herolds. Wenn sie dem Kaiser begegnet sind und sich nicht niedergeworfen haben, – o je, vielleicht hat man die beiden eingesperrt und wirft sie irgendwann den Löwen vor.

LUCIA: Um Gottes Willen, sag nicht so etwas Schreckliches! Jetzt übertreibst du!

GAIUS: Ich übertreibe überhaupt nicht! So etwas hat man anderenorts schon mit Christen gemacht, die Widerstand leisteten.

LUCIA: Das ist ja entsetzlich! Rufus, stimmt das?

RUFUS: Ja, Gaius hat recht. Aber es läuft zum Glück nicht immer so schlimm ab, wenn Christen sich weigern, dem Kaiser zu huldigen. In jedem Fall braucht es Mut dazu, viel Mut, nicht mitzumachen bei der Verehrung des Kaisers. Jeder von uns kennt das, dass ihn oder sie in solchen Situationen der Mut verlässt.

Es klopft hörbar! Alle horchen auf. Es klopft noch einmal stürmischer.

RUFUS: Wer ist da? Sagt bitte euren Namen und das Passwort.

JUNIA: Wir sind es, Junia und Joram. Jesus Christus ist Kyrios. Amen!

GAIUS: Es sind die beiden: Junia und Joram! Gott sei Dank! Ich öffne ihnen!

Gaius geht zum Vorhang, lässt sie herein. Beide verneigen sich.

JUNIA UND JORAM: Friede sei mit euch!

RUFUS: Der Friede Gottes sei auch mit euch! Ihr kommt spät! Wir haben uns schon Sorgen um euch gemacht!

LUCIA: Ihr seht aus, als ob euch Schlimmes passiert ist. Erzählt: Was ist geschehen?

JUNIA: Auf dem Weg zu euch begegneten wir dem Aufzug des Kaisers. Weglaufen konnten wir nicht mehr. Und niederwerfen wollten wir uns auch nicht.

JORAM: Da haben sie uns niedergeschlagen. Aber Gott sei Dank: Sie haben uns nicht mitgenommen. Das wäre viel schlimmer gewesen.

LUCIA: Ihr habt euch nicht vor dem Kaiser niedergeworfen, ihm nicht gehuldigt? Respekt! Ich weiß nicht, ob ich mich das traue in solch einer Situation.

GAIUS: Respekt, Respekt! Jeder Christ weiß, dass es anmaßend vom Kaiser ist, sich als Sohn Gottes auszugeben. Und dass er ganz sicher kein Friedensbringer ist! Und jeder von uns wäre gern mutig. Aber wenn es drauf ankommt, dann siegt oft die Angst.

JUNIA: Sonst bin ich ja auch eher ängstlich. Aber komisch: In diesem Moment, als die uns anbrüllten, wir sollten – dalli, dalli – auf die Knie, da war ich innen drin ganz ruhig, so als ob jemand viel Größeres als diese Soldaten mir den Rücken stützte im Widerstehen.

JORAM: Ja, so ging mir das auch. Plötzlich war mir vollkommen klar, dass wir Christen zu dieser Vergötzung von staatlicher Macht nur NEIN sagen können, egal, was daraus folgt. Aber der Mut in dem Moment, ich glaube, das war ein Geschenk Gottes. Und dass Junia standhaft blieb, das hat mich gestärkt!

RUFUS: Das glaube ich auch. Wir brauchen die Ermutigung untereinander und das Vertrauen darauf, dass Gott uns auch in schwierigen Situationen begleitet. Anders schaffen wir es nicht, gegen den Strom zu schwimmen! Und anders werden es auch in Zukunft Christen nicht schaffen, sich gegen immer neue Versuche der Vergötzung staatlicher Macht zu wehren. – Ich habe da eine Idee!

LUCIA: Was hast du vor? Sag!

RUFUS: Auch in Zukunft werden Herrscher versuchen, sich als eine Art Gott verehren zu lassen. Wir sollten etwas dagegen setzen: Wir bauen in unseren Gottesdienst Gesänge ein, die uns immer wieder daran erinnern, wem allein wir die Ehre geben, wer allein für uns der Kyrios ist, der Herr, und von wessen Geist allein wir Gerechtigkeit und Frieden erwarten. Das wird uns wachsamer und mutiger machen!

GAIUS: Das ist ein guter Vorschlag! Lasst uns gleich damit anfangen!

Spieler (im Halbkreis um den Leuchter) beginnen mit der Liturgie, die Gemeinde fällt ein.

5 Der Stern von Bethlehem strahlt durch das Osterlicht

Gottesdienst zum zweiten Advent

Vorbereitende Schritte

1. Mit den KonfirmandIinnen ist das Kirchenjahr thematisiert worden. Sie wissen um die doppelte inhaltliche Ausrichtung der Adventszeit. Passion und Auferstehung waren bereits Thema des Konfirmandenunterrichts.

2. Die Szene ist mit den Teens eingeübt: Die größeren Sprechrollen können abgelesen werden. Bei den kleineren Sprechrollen des Abschnittes im dunklen Altarraum müssen die wenigen Sätze auswendig gelernt werden.

3. *(kann entfallen)* Mit den Teens sind die einfachen Tanzschritte zur indianischen Weihnachtsmusik „Navidadau" eingeübt worden. (Baustein 2)

4. Vorbereitung einer Powerpoint-Präsentation: Szenen vom Einzug in Jerusalem und der Passion Jesu. Scannen von Darstellungen zum Einzug in Jerusalem, Gefangennahme. Verurteilung und Folterung, Weg zum Kreuz, Kreuzigung, Grablegung usw.; Verwendung von künstlerischen Darstellungen oder Kinder- / Konfi-Bildern.

5. Vorbereitung eines Instrumentalsolos (2 bis 4 Minuten, in der dunklen Kirche); das Solo soll musikalisch zunächst die Verzweiflung und Trauer der Jesusanhängerschaft ausdrücken, dann die aufkeimende Auferstehungsfreude.

Ausstattung des Kirchenraums

Beamer und Projektionsleinwand, mehrere Mikrofone, Teelichter in Gläschen für Spielende wie auch für Gottesdienstbesucher/innen, Musikanlage, CD mit Musik zum Tanz Navidadau (ersatzweise andere Musik im 4/4-Takt, z.B. ein Osterchoral), CD mit Song „Krieger des Lichts" von „Silbermond", Abendmahlsgeschirr; Taschenlampen (zum Lesen der Texte an verdeckten Orten); die Umsetzung des Gottesdienstes setzt voraus, dass er abends stattfindet, die Kirche also dunkel ist.

Ablauf

Element	Beispiel	Baustein
Musik zum Eingang		
Begrüßung mit Hinweis auf das, was kommt		
Eingangslied	EG 13,1–3	
Kyrie / Gloria		
Spiel		Baustein 1[11]
Tanz		Baustein 2
CD-Einspielung	„Krieger des Lichts"	
Lied	Tragt in die Welt nun ein Licht	
Tauferinnerung (vgl. S.33)		
Abkündigungen		
Lied	EG 16,1–5	
Fürbitte und Vaterunser		
Segenslied		
Segen		
Musik zum Ausgang		

---

11 Auch auf www.v-r.de bei der Nennung des Titels zum Ausdruck.

Baustein 1: Spiel

Mit Bildern zur Passionsgeschichte, original wurden Werke von Otto Dix über den Beamer eingespielt. Liedtext „Krieger des Lichts" als ppp.

Rollen

Simon, Jakobus, Magdalene, Salome, Herodes Antipas, Pilatus
Neben den 6 größeren Sprechrollen werden 6 bis 12 weitere Kinder gebraucht für die Szenerie im dunklen Altarraum: Dabei können – falls nicht genügend Mitspieler da sind – auch Rollen zusammengelegt werden.
Licht dimmen! Mehrere Personen – Simon / Jakobus und Salome / Magdalena – stehen verdeckt hinter der Orgel und lesen von da – Taschenlampen! – ihre Rollen ins Mikro, zwei Jungen, Herodes Antipas und Pilatus, sind hinter der Kanzel versteckt, sie treten später durch den Vorhang auf die Kanzel, einige Konfis warten hinter dem Altar.

Szene 1 (Simon, Jakobus)

SIMON: Mir platzt fast der Kopf von dem, was in den letzten Tagen passiert ist …
JAKOBUS: Geht mir auch so. Ich kann nicht schlafen.
SIMON: Weißt du, wo die anderen Jünger sind?
JAKOBUS: Keine Ahnung. Alle haben sich versteckt, genau wie wir.
SIMON: Dabei fing alles so gut an, als unser Meister in Jerusalem einritt …

Einzug Jesu in Jerusalem, erstes Bild

JAKOBUS: Ja, das Volk war völlig aus dem Häuschen vor Begeisterung: Zweige wurden auf den Weg gestreut. Manche warfen ihre Kleider als Teppich vor ihn hin.
SIMON: Hosianna, Sohn Davids, riefen sie alle! Ja, sie begrüßten Jesus als den lang erwarteten Messias.
JAKOBUS: Und wir haben uns mitgefreut: Jetzt wird unser Meister vom Volk als Führer anerkannt – haben wir gedacht. Dann wird er nun auch das

Reich Gottes gründen. Und die Römer vertreiben. Und wir – seine Jünger – machen in der ersten Reihe mit!

SIMON: Eigentlich hätte unser Meister froh sein können über diesen Empfang. Aber wie er aussah…?

Einzug Jesu in Jerusalem, zweites Bild

JAKOBUS: Stimmt, er sah bedrückt aus. Ob er ahnte, was kommen würde?

SIMON: Heute bin ich mir sicher, dass er es ahnte oder sogar wusste. Öfter hat er doch angedeutet, dass Schlimmes auf ihn zukommen würde. Aber wir Blindfüchse wollten es nicht wahrhaben!

JAKOBUS: Du hast Recht: Wir wollten es nicht wissen. Umso mehr waren wir geschockt beim Abendmahl.

Letztes Abendmahl, erstes Bild
(Bild ein wenig stehen lassen, ehe weiter gesprochen wird)

JAKOBUS *(weiter)*: Da sagte er: „Das ist unser letztes Mahl! Man wird mich verraten, fangen und töten." *(Pause!)*

SIMON: Ja, ängstlich und verzweifelt waren wir, als wir endlich die Lage begriffen:

Abendmahl, zweites Bild

SIMON *(weiter)*: Wie kleine Kinder haben wir uns an ihn geklammert. Das darf doch einfach nicht sein, dass er gefangen und getötet wird! *(Pause)* Ja, wir haben uns benommen wie hilflose Kinder. Wir haben ihn allein gelassen. *(Pause)* Ich schäme mich dafür. *(Pause)* Wir gingen alle zum Ölberg. Jesus hatte Angst, lag da auf Knien und betete. Und wir haben gepennt, als er unsere Nähe brauchte. *(Pause)*

Bild zur Verhaftung

SIMON *(weiter)*: Und dann sind wir alle weggelaufen, als die Soldaten kamen …

JAKOBUS: Was hätten wir denn machen sollen ohne Waffen? Gegen die römischen Soldaten hatten wir doch keine Chance! *(Pause)*

SIMON: Und wenn schon! *(Pause)* Die Frauen sind wenigstens in seiner Nähe geblieben. *(Pause)* Nein, es war schäbige Feigheit, unsren Meister so allein zu lassen! Belüg dich nicht selbst. Wir haben gründlich versagt! *(Pause)*

JAKOBUS: Und wie soll es jetzt weitergehen?

SIMON: Ich weiß es nicht. Ohne unseren Meister kriegen wir doch nichts hin. *(Pause)* Am besten ist: Ich gehe zurück nach Galiläa und werde wieder Fischer. Und du?

JAKOBUS: So denke ich auch: Ohne Jesus ist die Sache mit dem Reich Gottes sowieso verloren. Deshalb werde ich wohl wieder als Zimmermann arbeiten.

Mikro an die Mädchen geben!

Szene 2 (Salome, Magdalene)

SALOME: Magdalene, diese schrecklichen Bilder verfolgen mich.

Bild zur Verspottung Jesu

SALOME *(weiter)*: Unser Meister, mit einer Dornenkrone, das Blut läuft über das Gesicht. Und die Leute verspotten ihn!

MAGDALENE: Ja, Salome, ein schauerliches Grölen war das. Und dann zwingen sie Jesus auch noch, sein Kreuz selbst zu tragen!

Bild: Jesus trägt sein Kreuz

SALOME: Er war so schwach nach all den Schlägen! Er musste unter dieser Last zusammenbrechen.

MAGADALENE: Und dann sehen wir unsern Meister da am Kreuz hängen.

Bild: Jesus am Kreuz

MAGDALENE *(weiter)*: Jesus, auf den wir alle Hoffnung gesetzt hatten. *(Pause)* Er sagte: „Das Reich Gottes ist nahe. Jetzt fängt es an! Alle sind gleich viel wert vor Gott! Egal, ob jemand klug oder weniger klug, krank oder gesund ist, Mann oder Frau oder Kind. Teilt miteinander eure Gaben! Teilt eure Belastungen! Gerechtigkeit und Frieden sollen herrschen!" *(Pause)* Das war seine Botschaft. *(Pause)* Und wir wollten ihm dabei helfen! *(Pause!)*

Bild: Kreuzabnahme, Begräbnis

SALOME: Ja, jetzt ist Jesus tot! Damit können wir auch die Hoffnung auf das Reich Gottes begraben. Wer sollte die Sache weiterführen? *(Pause)* Außer Johannes sind alle Männer weggelaufen. Wer weiß, wo sich die versteckt haben? *(Pause)*

MAGDALENA: Die Männer waren mehr in Gefahr als wir Frauen, auch als Aufrührer gefangen und hingerichtet zu werden. Sie hatten wirklich Grund zur Angst. *(Pause)* Aber den Jüngern zutrauen, dass sie die Sache Jesu weiterführen? *(Pause)* Nee, das kann ich mir nicht vorstellen. Ohne Jesus wird nichts weitergehen.

Beamer aus; ggf. wieder zum Einspielen von Songtext

Szene 3 (Antipas und Pilatus)

Antipas und Pilatus auf der Kanzel

ANTIPAS: Endlich ist wieder Ruhe im Land! Danke, Pilatus! *(Pause)* Dieser Jesus mit seiner Idee vom Reich Gottes war echt gefährlich! *(Pause)* Nach den alten Schriften soll ein Nachkomme Davids die Befreiung bringen. Ja, von Bethlehem sollte ein Licht ausgehen … Man erzählte auch von einem besonderen Stern bei Jesu Geburt. Und sie haben ihn tatsächlich Sohn Davids gerufen! Gefährlich! Gefährlich!!! *(längere Pause)* Warum habt ihr Römer nicht früher eingegriffen?

PILATUS: Ich dachte, Jesus sei ein harmloser Spinner wie viele andere. Aber dann, als er in Jerusalem begrüßt wurde wie ein Herrscher, da musste ich den Spuk beenden. Gleichberechtigung aller Menschen vor Gott und deshalb auch auf der Erde? Nee, so eine Idee darf sich nicht ausbreiten! Da ginge das Römische Reich mit seinen Gesetzen kaputt. *(Pause)* Das darf ich nicht riskieren. Der Kerl musste weg! *(Pause)*

ANTIPAS: Denkst du, damit ist der Spuk endgültig vorbei? Jesus hatte immerhin einen Haufen von Anhängern.

PILATUS: Jesus war Kopf und Herz der Bewegung. Ohne ihn wird gar nichts mehr laufen. Du hast doch gesehen, wie die Anhänger nach allen Seiten flohen, als es ernst wurde. Kopflose Feiglinge sind das! *(Pause)* Mach dir keine Sorgen, Antipas! Von diesen schlappen Typen wird keine Gefahr mehr ausgehen, weder für dich als König noch für uns Römer. Jesus ist begraben. Damit ist auch seine Sache tot. Das Licht von Bethlehem wird nie mehr leuchten. Aus! Zappenduster! Erledigt! *(Pause)* Lass uns auf die Ruhe im Land ein Glas Wein trinken!

Pilatus und Antipas ab; 10 bis 15 Sekunden völlige Stille, dann Instrumental-solo. Nach einer Minute wird das Osterlicht von der Sakristei aus hineingetragen und auf dem Dreiecksleuchter in der Mitte abgestellt.

Szene 4 (JüngerInnen und andere)

Eine Minute später machen sich von verschiedenen Orten aus Gestalten mit einem brennenden Teelicht auf den Weg zum Altarraum. Auch die vorher auf der Orgelempore agierenden Jünger/innen kommen mit Teelichtern nach vorn. Wenn alle Gestalten angekommen sind, endet die Musik. Einen Moment Stille: dann einzelne Voten.

STIMME 1: Mir war plötzlich, als stünde Jesus neben mir!

STIMME 2: Mir auch! Ich habe es genau gespürt. Deshalb bin ich hergelaufen.

STIMME 3: Ich habe Jesus irgendwie gesehen – wie, das kann ich nicht be-schreiben.

STIMME 4: Ja, auch mir ging plötzlich ein Licht auf. Jesus ist gar nicht tot!

STIMME 5: Er lebt ja in mir mit seinem Licht!

STIMME 6: Jesus ist lebendig – das spüre ich!

STIMME 7: Der Tod hat nicht das letzte Wort: Gott hat Jesus auferweckt – in uns!

STIMME 8: Hat uns Jesus nicht versprochen, dass er bei uns ist, wenn wir uns in seinem Namen versammeln?

STIMME 9: Doch, doch, das hat er! Lasst uns Gott loben und feiern, dass er das Licht von Bethlehem wieder erweckt hat in uns!

Alle bilden einen Kreis – in der rechten Hand das Teelicht, die linke Hand auf der Schulter des Nachbarn; Navidadau wird eingespielt, getanzt, ausgeblen-det. – Die Teelichter werden zu Füßen des Osterlichtes im Kreis abgestellt.

MAGDALENA: Wenn Jesus bei uns lebendig ist, dann ist seine Sache doch auch nicht zu Ende. Wir könnten sein Werk doch fortsetzen.

SIMON: Da hast du recht. Aber ich frage mich, ob wir stark genug sind für so eine Aufgabe? Jetzt sind wir zwar gerade mal einig. Aber wie oft streiten wir, verletzen einander, sind orientierungslos, mutlos und lahm …

JAKOBUS: Als wir das letzte Mal mit Jesus zusammen aßen, hat er gesagt, wie er uns stärken will: Er sagte: „Gesteht eure Fehler ein und vergebt einander, so wird euch vergeben. Wo Menschen in meinem Namen das Brot miteinander teilen, da bin ich bei ihnen, stärke sie und schenke neue Anfänge."

SALOME: Dasselbe hat er auch zum Wein gesagt: „Dieser Kelch ist der neue Bund zwischen Gott und euch: Wenn ihr den Wein teilt, ist Gott gegenwärtig und gibt euch Kraft und Mut für euern Weg." Was spricht dagegen, dass wir uns heute so von Gott stärken lassen? Und dass wir das immer wieder tun?

Gemeindegesang „Meine Hoffnung und meine Freude" während der szenischen Darstellung eines Abendmahls
Konfis setzen sich auf die Erde. Man bricht ein Brot, teilt es reihum aus, lässt danach den Kelch kreisen, aus dem (symbolisch) getrunken wird.
Folie schwarz; Konfis stehen auf und stellen sich im Halbkreis auf.

STIMME 11: Danke, Gott, dass du uns gestärkt hast! Du schenkst uns innere Sicherheit für unseren Weg in die Welt. Jesus kam als Licht in die Dunkelheit dieser Welt. Er will uns anstecken. Jeder von uns kann und soll Licht in die Welt tragen! Als Krieger des Lichts …

Text von „Krieger des Lichts" projizieren?; Musik von CD.
Konfis verteilen Gläschen mit brennenden Teelichter in der Kirche zw. Die Lichter schwenkend wird der Gesang begleitet. Stille. Beamer aus.

Ansprache des Liturgen / der Liturgin

Krieger des Lichts, sind das nicht die Engel der Weihnachtsgeschichte? Boten Gottes, die geduldig und zugewandt für Gerechtigkeit sorgen, Leiden mildern, zupacken, wo Not ist, versöhnen, wo Streit ist?

Das Licht von Bethlehem ist nicht untergegangen, wie Herodes Antipas und Pilatus es sich wünschten. Es hat sich vielmehr seit 2000 Jahren immer weiter ausgebreitet. Jedes Jahr will es uns neu erreichen und als Krieger des Lichts in die Welt senden.

Wie kommt es, dass das Licht von Bethlehem nicht totzukriegen war und ist? Unser Spiel zeigte: Das bewirkt das Osterlicht in den Herzen und Köpfen. Die Männer und Frauen um Jesus erfuhren auf geheimnisvolle Weise neue Kraft und Ermutigung. Ihnen ging ein Licht auf. Sie waren sich plötzlich sicher: Die Sache Jesu ist mit seinem Kreuz nicht zu Ende. Sie spürten: Jesus lebt weiter in uns, er ist uns nahe, wenn wir zusammenhalten. Er ist in unsrer Mitte, wenn wir einander als Kinder Gottes achten und das Leben mit seinen schönen und schwierigen Seiten miteinander teilen.

Einander zu verzeihen schenkt neue Anfänge. Brot und Wein miteinander zu teilen ermutigt und stärkt uns für unseren Dienst in der Welt: Wir werden zu Kriegern des Lichts, die das Licht von Bethlehem, das zugleich das Osterlicht ist, weitertragen. Und der Friede Gottes …

Baustein 2: Tanzhaltung und -schritte

*Tanzhaltung und -schritte gehören original zum Lichtertanz „Navidadau",
einem indianischen Weihnachtslied, in dem aus Dankbarkeit für das Geschenk
des Krippenkindes jemand sein eigenes Herz zur Krippe bringen will. Die Cho-
reographie des Tanzes kann so gedeutet werden, dass das Licht, die Liebe Gottes,
von Menschen in die Welt getragen werden soll.*

Tanzhaltung

Die Tanzenden stehen im Kreis. Die linke Hand fasst auf die Schulter
der links daneben stehenden Person. In der rechten nach vorn gestreck-
ten Hand wird ein brennendes Teelicht im Glas gehalten.

Teil 1

Der Tanz beginnt mit zwei Schritten nach links auf der Kreislinie. Linken Fuß zur Seite, rechten Fuß ranstellen, wieder linken Fuß zur Seite,
rechten Fuß ran.

Teil 2

Mit der rechten Fußspitze wird jetzt zuerst nach vorn getippt, dann
rechts zur Seite, dann nach hinten, dann wird der Fuß zurück in die
Ausgangsstellung fest aufgesetzt.

Teil 3

Nun wird dieselbe Bewegung mit dem linken Fuß vollzogen: nach vorn,
links zur Seite und nach hinten tippen und dann den Fuß wieder in die
Ausgangsstellung bringen.

6 Ein Gelähmter kann gehen

Vorbereitende Schritte

1. Bildung einer Rap-Gruppe: Für die Personen der biblischen Erzählung wurden Jungen als Sprecher eingesetzt; der Background-Chor bestand aus Mädchen. Eine Gitarre untermalte den Sprechgesang.
   Der Rap-Text (Baustein 2) kann als Vorlage bereitliegen; die Jugendlichen dürfen ihn abändern. Die Texte für den Background-Chor formuliert man gemeinsam und probiert aus, wie häufig sie wiederholt werden sollen.

2. Pantomimische Darstellung der biblischen Erzählung durch eine Kindergruppe (hier KU4-Kinder) wurde eingeübt unter Sicherungsaktivitäten von Eltern: Der „Gelähmte" (leichtestes Kind der Gruppe) wurde von älteren Konfirmanden im Tuch getragen und dann von der Sakristeiempore abgeseilt.

3. Die pantomimische Darstellung erfolgt synchron zum Rap, das heißt: Backgroundchor bzw. Musik überbrücken die Zeiten, die von der szenischen Darstellung (Aufstieg zur Empore, Weg zur „Abseil-Station") gebraucht werden, bis die Handlung weitergehen kann. In der Priechen stehen – verdeckt – Eltern, die den „Gelähmten" beim Abseilen sichernd in Empfang nehmen.

Die szenische Darstellung kann entfallen zugunsten einer eingespielten Diaserie zur Heilung des Gelähmten oder zugunsten von Bildern zur Erzählung, die von Kindern gemalt wurden. (Beamer)

Ausstattung des Kirchenraums

Leinwand, Beamer und Laptop; im Chorraum stehen einige Stühle als Lager für den Gelähmten, eine mit Seilen versehene feste Decke liegt bereit.

Ablauf

Element	Beispiel	Baustein
Musik zum Eingang		
Begrüßung		
Eingangslied	EG 503,1–3.7–8	
Psalm im Wechsel	Ps 145	
Meine Hoffnung und meine Freude / Kyrie / Gloria		
Kollektengebet		
Lesung	Mk 2,1–12 (Gute Nachricht)	
Lied	Meine engen Grenzen	
Ansprache Teil 1		Baustein 1
Rap und Spiel		Baustein 2[12]
Ansprache Teil 2		Baustein 3
Lied	Glaubenslied (S. 10)	
Abkündigungen		
Lied	Wir wollen aufstehen	
Fürbitte und Vaterunser		
Lied	EG 421	
Segen		
Musik zum Ausgang		

---

12 Auch auf www.v-r.de bei der Nennung des Titels zum Ausdruck.

Baustein 1: Ansprache Teil 1

Manchmal spüren wir Weite, fühlen uns beweglich. Und dann wieder kommen Situationen, da wird es eng, wir werden schlaff und lahm.

Da ist z. B. Jürgen. Heute ist er wieder spät dran mit dem Start in die Schule. Und dann hat sein Rad auch noch einen Platten. Jetzt muss er laufen. So ein Mist! Jürgen rennt. Aber er kommt trotzdem zu spät. Die Klassenlehrerin ist sauer. Jürgen war schon oft zu spät. Sie wird die Eltern anrufen, sagt sie.

Neuer Schock in der zweiten Stunde: Mathetest. Mathe ist nicht Jürgens Stärke. Geübt hat er auch nicht. Das wird wohl eine Fünf oder Sechs. Wenn ich damit nach Hause komme, kriege ich vielleicht Fußballverbot, denkt Jürgen. Seine Eltern sind ganztägig berufstätig. Heute kriegt Jürgen von Mamas bereitgestelltem Essen nur ein paar Bissen runter. Jetzt noch Hausaufgaben! Und dann raus, mit Freunden Fußball spielen. Aber die Matheaufgaben sind so schwer.

Jürgen ist verzweifelt. „So ein Mistkram", schreit er schließlich und wirft das Mathebuch an die Wand. Klirr! Das war Mamas Lieblingsvase. Was jetzt? Es erzählen? Oder besser verstecken? Aber wenn dann noch der Anruf von Frau Meyer kommt und hinterher noch die Sechs in Mathe? Jürgen fegt die Scherben auf und lässt sie in der Mülltonne von Nachbarn verschwinden. Ihm ist schlecht. Und Kopfschmerzen hat er auch. Jetzt lockt auch kein Fußball mehr. Jürgen legt sich ins Bett. Als die Eltern heim kommen, wundern sie sich, dass Jürgen im Bett liegt, nichts essen mag und nicht aufstehen will. Was ist mit Jürgen los? Jürgen ist wie gelähmt.

Kennen wir das nicht auch, gelähmt zu sein? Es gibt vielfältige Gründe, depressiv zu werden. Jemand hat seine Arbeit verloren und sieht keine Chance, eine neue zu finden. Jemand ist durch Versagensängste wie gelähmt, überhaupt etwas anzufangen. Eine zerbrochene Partnerschaft, ein Suizid oder ein Konflikt im nächsten Umfeld kann uns quälen: Was hätte ich tun können, damit das nicht passiert? Fahrlässig wurde ein Unfall mit Personenschaden verschuldet. Tausend Gründe kann es geben für Steine auf dem Herzen, die uns niederdrücken, so dass wir wie gelähmt sind …

Irgendwo tragen wir den „Jürgen" in uns. Lassen wir die vorhin verlesene Erzählung des Markus-Evangeliums noch einmal lebendig werden für uns …

Baustein 2: Rap

4 Sprecher und Jesus. Background-Chor (Mädchen)

STIMME 1:

> Das ist ein schlapper Typ. / Der packt rein gar nichts mehr an, / lass den mal liegen, / weil der doch nicht hochkommen kann

3mal Background: Schlapper Typ!

STIMME 2:

> Der liegt schon lange so rum / als müder, stumpfer Sack! / Von dem, was der mal war, / ist längst schon ab der Lack!

2mal Background: Stumpfer Sack, ab der Lack!

STIMME 1:

> Verheb dich nicht an dem! / Das arme Schwein ist doch schon tot! / Nach der blöden Sache damals / kriegste den nicht mehr ins Lot!

2mal Background: Mann, war das ne blöde Sache, / blöde Sache, blöde Sache!

STIMME 3:

> Ich hab gehört, es gibt da einen, / der versteht sich spitze drauf, / so kaputte Typen anzumachen, / ja, der weckt die wieder auf!

2mal Background: Wirklich, wirklich? / Schafft der das? Schafft der das?

STIMME 4:

> Wenn's was bringt, den mal zu treffen, / na, dann fassen wir mit an. / Weil man so nen alten Kumpel / ja nicht hängen lassen kann.

2mal Background: Dann fassen wir mit an. / Dann fassen wir mit an! /

STIMME 2:

> Jetzt ist noch die große Frage: / Wo finden wir den Mann? / Gibt's denn überhaupt ne Chance, / dass man den auch treffen kann?

2mal Background: Wo finden – finden wo? / Wo finden wir den Mann?

STIMME 1:

> So ein Mist! Guck dort mal hin, / wie alle zu dem Rabbi laufen. /
> Niemals kommen wir da durch. / Da steh'n die Fans ja schon in Haufen.

Background: Hey, ho, Rabbi, / Rabbi hey, ho, Rabbi, Rabbi! :/

STIMME 3:

> Aber wenn wir schon nah dran sind, / nein, dann geben wir nicht auf. /
> Schaut, da gibt's nen Weg aufs Dach, / hey ja, da klettern wir jetzt drauf.

Öfter Background: Gebt nicht auf, bringt ihn rauf!

STIMME 2:

> Ganz schön schwer ist unser Kumpel, / Mannomann, das geht auf Kraft. /
> Eng ist's auch, doch wir sind zähe. / Victory! Jetzt ist's geschafft.

2mal Background: Wir haben es geschafft! / Wir haben es geschafft! :/

STIMME 3:

> Den wir suchen, der ist drinnen. / Wir sind oben auf dem Dach. /
> Ohne Loch krieg'n wir den nicht runter. / Macht bloß dabei keinen Krach!

4mal Background: Psst – leise, psst – leise, psst – leise!

STIMME 2:

> Drinnen in dem Haus, da drängen / um den Rabbi sich die Massen, /
> während durch das Loch wir endlich / nun den Kumpel runter lassen.

Mehrmals Background: Vorsicht, Vorsicht, lasst ihn runter.

STIMME 4:

> So ne Frechheit, schreien welche. / Wer darf sich denn das erlauben?

JESUS: Vielleicht tun das nur die Leute, die tatsächlich an was glauben –

STIMME 4:

> Sagt der Rabbi da ganz ruhig, / ja, wir können es kaum fassen, /
> der verteidigt unser Tun noch / vor den aufgebrachten Massen.

3mal Background: Ganz erstaunlich, dieser Rabbi!

Jesus: Was dich so lange schon zu Boden drückt, / das ist dir längst vergeben!
Stimme 4: Sagt der Rabbi zu unsrem Kumpel,
Jesus: Du sollst neu anfangen zu leben!

Background: Vergeben – kann der das? / Vergeben – darf der das?

Stimme 1:
  Kaum hat er das laut gesagt, / sieht man ringsum starre Gesichter! /
  Nur Gott kann Schuld vergeben / und nicht du!, denken die Richter.

Background: Jesus – ein Gotteslästerer? Jesus – ein Gotteslästerer?

Stimme 4: Sagt der Rabbi da:
Jesus: Ich seh in eure Köpfe, liebe Leute! /
  Als Gottesläst'rer wär' ich euch wohl / ne willkommene Beute.

2mal Background: Klagen wir ihn an? / Klagen wir ihn an?

Jesus: Aber was ich tu, kommt nicht aus mir. / Wer durch mich wirkt, ist Gott. /
  Der will verlor'ne Menschen doch / befreien aus der Not. /
  Weil ihr aber denkt, / ich hab das billig nur so hingesagt, /
  sei zur Schuldvergebung nun auch noch der / nächste Schritt gewagt: /
  Steh auf, junger Mann, / nimm deine Decke und geh!

Background: Steht er auf? Steht er auf? Steht er auf? Steht er auf?

Stimme 1:
  Niemand hätt' das geglaubt, / da mach ich jede Wette, /
  und ich ja auch nicht, wenn ich's nicht / selbst gesehen hätte.
Stimme 3:
  Als ob die weggenommene Schuld / verborgene Kräfte neu erschließe, /
  kommt unser Kumpel langsam hoch / und auf die eig'nen Füße:
Stimme 2:
  Er steht auf, ja, / er geht tatsächlich los! / Wir können es kaum fassen!

2mal Background: Er steht auf – nicht zu fassen.

STIMME 4:

Nicht zu fassen! / Was ein müder, stumpfer Sack war, /
der kann wieder gehen!

STIMME 2:

Nicht zu fassen: Einen, der wie tot war, / ließ der Rabbi auferstehen.

2mal Background: Nicht zu fassen – welch ein Wunder!

Baustein 3: Ansprache Teil 2

Markus erzählt nicht, wie es zur Lähmung des Mannes kam. Es müssen
dicke Steine gewesen sein, die auf seiner Seele lasteten.

Merkwürdig an der Geschichte ist, dass der eigentlich Betroffene völlig passiv ist. Und trotzdem ereignet sich für ihn eine radikale Wende.
Stellvertretend hoffen und vertrauen da vier Kumpel für ihn. Das irri-
tiert unsereins doch, oder?

Müsste sich der Gelähmte nicht selbst um seine Heilung bemühen? „Jeder ist seines Glückes Schmied!" Nach diesem Motto würden wir ihm
gern zurufen: „Tu etwas, statt in Hilflosigkeit steckenzubleiben."

Aber kann sich denn jemand, der im tiefen Loch steckt, am eigenen
Zopf aus der Tiefe ziehen? Und sind Hoffnung und Gottvertrauen etwas, was man sich selbst machen oder gar anderen befehlen kann?
Sind das nicht Geschenke des Himmels, Zuversicht und Kraft zur Gestaltung des Lebens zu haben? Wenn sie uns aber gegeben wurden, was
hindert uns, anderen zu Engeln zu werden, indem wir stellvertretend
für sie hoffen, vertrauen und daran mitwirken, dass Gelähmte heilende
Begegnungen erfahren?

Und der Friede Gottes, der höher ist als alle Vernunft, bewahre unsre
Herzen und Sinne in Christo Jesu. Amen.

7 Wasser kann tragen

Vorbereitende Schritte

Variante 1
Bei Variante 1 beschränkt sich die Mitwirkung der KonfirmandInnen auf die visuellen Gestaltungen, das Vortragen der geografischen und politischen Hintergründe und die Lesung des Bibeltextes.

Kurz nach Neujahr: Die KonfirmandInnen (KU 4) sehen dem Wechsel auf verschiedene weiterführende Schulen und Fahrschülerdasein entgegen. Der Wechsel ist bei vielen Kindern mit Gefühlen von Unsicherheit und Angst besetzt. Die Kinder malen mit Wachskreiden Bilder zu ihren eigenen Befürchtungen, ebenso zu Ängsten von Erwachsenen bezüglich des neuen Jahres, von denen sie aus dem häuslichen Umfeld oder über Medien wissen. Die Bilder der Kinder werden abschließend mit verdünnter blauer Tinte übermalt und zu einem „Meer der Angst" zusammengeklebt.

Unter Nutzung von Bild- und Kartenmaterial bekommen die Kinder eine elementare Einführung in geografische und politische Hintergründe der Erzählung. (Vgl. Baustein 2, der auch in den Gottesdienst eingebracht wird).

Die Erstbegegnung der Kinder mit dem biblischen Text geschieht mittels einer Traumreise (Baustein 2). Sie sitzen dabei mit geschlossenen Augen im Kreis. Die Mitte bildete das aus ihren Zeichnungen zusammengeklebte „Meer der Angst". Auf die Traumreise folgt ein Unterrichtsgespräch, das die Wirkung der Erzählung auf der symbolischen Ebene betont. Anschließend bekommen die Kinder den biblischen Text und malen Bilder dazu, die für den Gottesdienst gescannt werden.

In elementarer Form werden mit den Kindern (unter Nutzung von Kartenmaterial) die Unterschiede der Textfassungen von Markus, Matthäus und Johannes thematisiert: Herausgearbeitet wird dabei, dass denen, die das Neue Testament zusammenstellten, der tatsächliche Hergang des Geschehens nicht so wichtig gewesen ist.

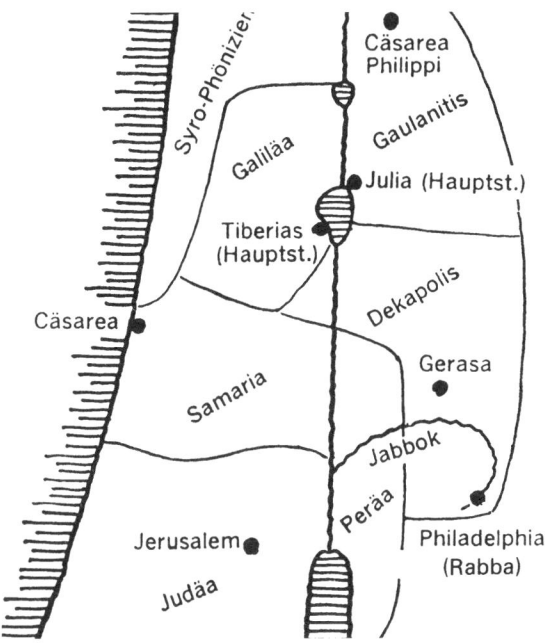

Variante 2
Vorbereitende Schritte wie oben, aber ohne die Traumreise.

Die KonfirmandInnen erarbeiten die Erzählung vom Seewandel des Petrus entlang des biblischen Textes, der auch mit den Paralleltexten verglichen wird. Die Begegnung mit der biblischen Erzählung in Form der Traumreise geschieht erst im Familiengottesdienst – nach Einbringen der Angstbilder der KonfirmandInnen.

Die biblische Textlesung entfällt zugunsten der Traumreise. Nach der Traumreise kommunizieren die GottesdienstbesucherInnen, was sie an dieser Erzählung besonders berührt hat und was sie daraus für ihr Leben mitnehmen.

Ausstattung des Kirchenraums

Beamer und Laptop

Ablauf

Element	Beispiel	Baustein
Musik zum Eingang		
Begrüßung		
Eingangslied	EG 58 oder EG 65	
Psalm im Wechsel	Ps 69 (gekürzt)	
Meine Hoffnung und meine Freude / Kyrie / Gloria		
Kollektengebet		
Einführung Geografie u. a.		Baustein 1
Lesung (oder Traumreise)	Mt 14,22–33	Baustein 2
Lied	Ein Schiff, das sich …	
Präsentation „Ängste"		Baustein 3
Ansprache (evtl.)		Baustein 4
Lied	Ein Schiff, das sich …	
Abkündigungen		
Lied	Wo ein Mensch …	
Fürbitte und Vaterunser		
Lied	EG 421	
Segen		
Musik zum Ausgang		

Baustein 1: Einführung in den geografischen und politischen Hintergrund

Auf der Karte kann man die staatlichen Grenzen in Israel zur Zeit des Wirkens Jesu zeigen: Das Reich des Herodes, der zur Zeit von Jesu Geburt geherrscht hatte, war nach seinem Tod auf die drei Söhne Archelaos, Herodes Antipas und Philippus aufgeteilt worden.

Den besonders brutalen Archelaos setzten die Römer schnell ab. Sie gaben dafür Pontius Pilatus die Macht. In Gaulanitis herrschte der recht milde und tolerante Philippus.

In Jesu Heimat Galiläa (und in Peräa) herrschte dagegen der ebenfalls brutale Herodes Antipas. Seine Hauptstadt Tiberias lag am See Genezareth.

Dort hielt sich auch Jesus mit seinen Jüngern und Jüngerinnen häufig auf. Herodes Antipas hatte schon Johannes den Täufer wegen seiner Kritik am Verhalten des Königs einsperren und später umbringen lassen.

Jesus und seine Jünger galten auch als regimekritisch. Sie waren darum ständig in Gefahr. Da Jesus viele Anhänger im Volk hatte, traute man sich nicht, ihn oder seine Jünger am hellen Tage zu verhaften. Aber wenn es Nacht wurde und keine Volksmenge da war, versuchten die Soldaten von Herodes Antipas, sie festzunehmen.

Man nimmt an, dass Jesus und seine Jünger häufiger von einer Seite des Sees zur anderen geflohen sind, um sich nachts in Sicherheit zu bringen, entweder zu Fuß über die Berge oder aber mit einem Schiff (Bild!).

In Zusammenhang mit diesen Fluchten ist es wohl zu der Geschichte gekommen, die wir gleich hören werden.

Baustein 2: Traumreise zu Mt 14,22–33

Du liegst auf deinem Bett. Alles ist still. Du bist ganz bei dir. Das Neue dieses Jahres geht dir durch den Kopf. Eine andere Schule, neue Fächer, neue Lehrer, viele neue Klassenkameraden. Du gehörst wieder zu den Kleinen auf dem Schulhof. Wirst du klar kommen mit all dem Neuen? Wird man dich akzeptieren?

Bilder von schwierigen Situationen schwirren durch deinen Kopf. Du schläfst ein und träumst. Du träumst dich weit fort, in ein anderes Land, eine andere Zeit.

Du sitzt inmitten einer Menge von Menschen am felsigen Ufer eines großen Sees. Kein Haus weit und breit, nur Sand, Steine, ein paar Dornsträucher, weiter hinten Felsen. Die Männer, Frauen und Kinder essen Brot. Die Sonne wird bald untergehen.

Da – eine Gestalt kommt auf die Gruppe zu, wo du sitzt. – Jetzt erkennst du ihn: Das ist Jesus. Er winkt und ruft: „Rasch ins Boot mit euch, fahrt auf die andere Seite! Schnell, schnell! Ich komme später nach!"

Wir springen auf. Wir – ja, wir sind die Jünger Jesu. Und du gehörst dazu. Wir rennen den felsigen Abhang hinunter zum Boot. Wir steigen ein, machen die Leinen los. Einige greifen in die Ruder. Andere ziehen das Segel hoch. Die Sonne geht gleich unter. Ab geht es! Schnell weg!

Gleich können Soldaten auftauchen, die hetzt uns der König auf den Hals. Jemand muss Jesus gewarnt haben. Deshalb sollten wir fliehen! Auf die anderen Seite des Sees – dort herrscht ein anderer König …

Wir rudern wie verrückt. Das Boot nimmt Fahrt auf. Ein paar hundert Meter sind es jetzt zum Ufer. Erst mal sind wir in Sicherheit. Du atmest auf. Es ist fast dunkel. Du schaust zum Ufer. Die Menge hat sich verlaufen. Wo mag Jesus stecken? Ob er fliehen konnte? Läuft er wieder über die Berge ins Nachbarland?

Wir mussten schon öfter fliehen. Sehen können wir nichts. Aber wir hoffen, Jesus schafft es.

Unser Boot gleitet durch die Nacht. Ob wir bald da sind? Bisher ging alles glatt. Aber das ändert sich jetzt: heftiger Wind, hohe Wellen, das Boot schaukelt nicht nur – nein, es hüpft auf den Wellen, Wasser schlägt ins Boot. Wir reißen das Segel runter, versuchen Kurs zu halten …

Du krallst dich mit den Füßen fest, damit du nicht hinausgeschleudert wirst. Du schreist vor Angst! Den Soldaten sind wir entkommen. Jetzt wird uns das Wasser töten. So dicht vor dem rettenden Ufer werden wir ertrinken …

Du schaust nach vorn. Da bewegt sich etwas. Es wird größer. Eine Gestalt … Alle schreien los: „Ein Geist! Ein Gespenst!"

Da hören wir eine Stimme. Sie klingt vertraut. „Ich bin es! Fürchtet euch nicht!" Tatsächlich: Jesus geht auf dem Wasser, das Meer der Angst kann ihm nichts anhaben. „Jesus", schreist du, „ruf mich zu dir, bitte. Ich will auch auf dem Wasser gehen!"

„Komm", ruft Jesus. Und da gehst du los. Und das Wasser trägt auch dich. Du gehst über das Meer der Angst auf Jesus zu. Aber dann siehst du die bedrohlichen Wellen. Und schon brichst du ein. „Hilf mir, Herr!", schreist du im Untergehen.

Jesus greift deinen Arm, hält dich fest. „Du Kleingläubiger", sagt er, „warum hast du nicht vertraut?" Ihr steigt beide ins Boot.

Der Sturm legt sich. Wir erreichen das rettende Ufer. Und du denkst: Das muss Gott sein, Gott macht es möglich, über das Meer der Ängste zu gehen …

Dein Traum ist zu Ende. Du liegst wieder auf deinem Bett zu Hause, reckst dich und streckst dich … Vielleicht, denkst du, vielleicht ist etwas dran an dem Traum. Vielleicht gibt er Kraft für heute …

Baustein 3: Ängste

Die Texte (hier nur ein Vorschlag) können von den Konfis gesprochen werden oder vom Liturgen; dazu eine Bildershow der Gestaltungen aus dem Unterricht

Das neue Jahr bringt gerade unseren Viertklässlern bedeutsame Veränderungen. Da gibt es Neugier auf all die vielen Umstellungen, aber auch Sorgen und Ängste: Wie wird das sein in den großen Schulhäusern? Werde ich mich da verloren fühlen? Wie komme ich klar mit dem Bus-Fahren?

Ich verliere Klassenkameraden: Wird man mich in der neuen Klasse akzeptieren? Finde ich neue Freunde? Im Bus wie auf dem Schulhof gehöre ich nun wieder zu den Kleinen: Muss ich mich vor Gewalt fürchten? Die Leistungsanforderungen in Schule und Sport steigen: Bin ich dem gewachsen? Viele neue Lehrkräfte werde ich haben: Komme ich mit denen klar?

Schon mit dem Schulwechsel kommt eine Menge an verdeckten oder auch offenen Ängsten bei den Kindern zusammen. Aber das ist ja nur ein Ausschnitt von all dem, was uns an Fragen und Sorgen angesichts der Zukunft bewegt:

In unseren Köpfen und Herzen lebt ja ein viel größeres Meer von Ängsten und Sorgen … (Gesundheit, Beziehungen in Familie und Umfeld, Umweltzerstörung, Klimakatastrophe, Geldnöte, Arbeitslosigkeit, Angst vor Krieg und Gewalt …)

Liturg/in

Und unsere Kirche? Wie geht es angesichts schwindender Mitgliederzahlen und Finanzen weiter? Überall Stellenstreichungen, weil man die Pastoren nicht mehr bezahlen kann: Mit dem Fehlen von Hauptamtlichen wachsen die Aufgaben der Ehrenamtlichen. Werden sich bei uns genügend Menschen finden, die unsere Gemeinde mittragen, so dass sie lebendig bleiben kann?

Ein Meer von Ängsten und Sorgen. Manchmal scheint es nur vor sich hin zu plätschern, weil wir gerade anderweitig beschäftigt sind. Und dann wieder steht uns das Wasser bis zum Hals und wir drohen im Meer der Angst unterzugehen.

Baustein 4: Ansprache

Die Geschichte vom Seewandel Jesu wird im Neuen Testament von drei Evangelisten erzählt: von Markus, Matthäus und Johannes. Alle drei lassen den Vorfall nach der Speisung der 5000 geschehen. Aber jeder erzählt ein bisschen anders davon.

Bei Markus gibt es noch genaue Ortsangaben zum Zielort (Betsaida), er ist historisch am dichtesten dran an Jesus. Jesus nötigt die Jünger, ihm vorauszufahren ans andere, nämlich sichere Ufer. Er selbst will die Volksmenge entlassen und dann allein nachkommen. Aber von einem Versuch des Petrus, auf dem See zu wandeln, schreibt Markus nichts.

Anders Matthäus: Der erwähnt zwar die Flucht, aber nicht den Zielort. Vermutlich war ihm das nicht wichtig. Wichtiger war ihm, Petrus als vertrauenden und dann doch kleingläubigen Jünger in die Erzählung einzubringen: Nicht nur Jesus selbst kann auf dem Wasser gehen. Das will er zeigen!

Johannes erzählt die Geschichte fünfundzwanzig Jahre später noch einmal und verändert sie erneut. Keine Flucht, ein völlig anderer Zielort. Und als die ängstlichen Jünger Jesus dann auf dem Wasser sehen und ins Boot nehmen wollen, sind sie plötzlich schon am Land.

Eine Geschichte – drei Versionen. Was ist denn nun wahr?, wird mancher fragen. Denn Wahrheiten will die Bibel doch Menschen mitgeben, Hilfen für die Bewältigung ihres Lebens. Oder nicht?

Vielleicht ist es aber für das, was uns die Geschichte mit auf den Weg geben kann, gar nicht wichtig, was damals real passiert ist, ob nun Markus oder Matthäus oder Johannes recht hatte oder ob es sich „in echt" noch ganz anders zugetragen hat. Die Leute, die die Bibel vor etwa 1 800 Jahren zusammengestellt haben, störten sich offenbar nicht an solchen Widersprüchen, weil ihnen die Wahrheit auf einer ganz anderen Ebene wichtiger war: die Wahrheit auf der symbolischen Ebene. Verlieren wir eigentlich etwas, wenn wir die Erzählung nicht mehr als Tatsachenbericht lesen, sondern als Symbolgeschichte?

Was brächte uns ein Tatsachenbericht? Jesus stünde uns vielleicht als einmaliger Zauberer, der physikalische Gesetze der Wasserspannung aufhebt, vor Augen. Aber hilft uns das für heute? Macht es uns Mut? Ist es nicht so, dass diese Geschichten erst dann ihre Wirkung entfalten, wenn wir sie symbolisch verstehen?

Wir kennen das Meer der Ängste und Sorgen! Wir haben es oft genug erlebt, dass uns das Wasser bis zum Hals stand, ja, dass wir im Meer der Angst zu ertrinken drohten. Wir wissen auch, dass es einer inneren Kraft bedarf, die Angst zu bewältigen, dass man ganz viel Vertrauen, Hoffnung, Zuversicht braucht, damit dies gelingt.

„Fürchtet euch nicht", sagt Jesus, „vertraut darauf, dass ihr nicht untergeht. Ich bin – auf Gott vertrauend – über meine Angst hinweggegangen. Und ihr könnt das auch."

Glauben bedeutet vor allem Vertrauen, nicht, bestimmte Sätze für wahr zu halten. Und Gott vertrauen heißt: sich etwas schenken zu lassen, was trägt, ja, was auch über das Meer der Angst trägt. Etwas, was uns befähigt, ein DENNOCH zu leben in den Stürmen des Lebens und der Welt.

Im Timotheusbrief liest sich das so: „Gott hat uns nicht den Geist der Verzagtheit gegeben, sondern den Geist der Kraft und der Liebe und der Besonnenheit."

Matthäus hat die Geschichte – finde ich – sehr gut erzählt mit der Einfügung von Petrus. Wenn wir hier herausgingen und dächten: Okay, Jesus konnte damals über das Meer der Angst gehen, aber normale Menschen leider nicht – dann würden wir in unserer Mutlosigkeit stecken bleiben. Matthäus macht uns dagegen Mut! Lassen wir uns anstecken von der Geschichte? Ist sie noch aktuell?

In der Zeitung fand ich ein Bild von zwei Jugendlichen, die beherzt und fröhlich über das Wasser gehen (Bild zeigen: www.v-r.de bei der Anzeige des Titels). Es ist eine Einladung zum ökumenischen Kirchentag. Heute und hier, heißt das: Lasst uns gemeinsam über das „Meer der Ängste", der Grenzen, der Fremdheiten gehen.

Und der Friede Gottes, welche höher ist als alle Vernunft, bewahre unsre Herzen und Sinne in Christus Jesus. Amen.

8 Engel für das neue Jahr

Vorbereitung

Kinder oder Konfirmand/innen zeichnen und erläutern Situationen, in denen sie sich einen Engel gewünscht hätten oder aber das Gefühl hatten, von Engeln begleitet worden zu sein.

Der Engel-Rap wird mit der Gruppe geübt. Er kann – falls genügend Gottesdienstbesuchern die rhythmische Sprechweise von Raps vertraut ist – auch spontan in den Gottesdienst eingebracht werden. Falls der Rap mit einer Kindergruppe geübt wird, empfiehlt sich die Erarbeitung der biblischen bzw. außerbiblischen Hintergründe der Erzengelgestalten, die dann – elementar inhaltlich entfaltet – auch im Gottesdienst vorkommen sollten.

Für bildliche Darstellungen der vier im Rap genannten Engel (Gabriel, Rafael, Uriel, Michael) können Zeichnungen von Kindern genutzt werden oder aber Illustrationen aus der bildenden Kunst. Reiches Material findet sich z. B. in Godwin, Malcolm, Engel – Eine bedrohte Art, Frankfurt / M 1992.

Ausstattung des Kirchenraums

Leinwand, Beamer, Laptop, Mikrofone

Ablauf

Element	Beispiel	Baustein
Musik zum Eingang		
Begrüßung		
Eingangslied	EG 58,1–6	
Kehrversgeste üben		Baustein 1
Psalm im Wechsel	Ps 84 mit Gesten	Baustein 2
Meine Hoffnung und meine Freude / Kyrie / Gloria		
Kollektengebet		
Lied	EG 65,1–2	
Überleitung		
Lied	EG 65,3	
Präsentation 1	„Unsere Engel"	Baustein 3
Engel-Rap	Engels-Rap (Nr. 117 in „Das Kindergesangbuch", Claudius-Verlag 1998)	
Präsentation 2	„Erzengel"	Baustein 5
Bibelgespräch		Baustein 6
Abkündigungen		
Lied		
Fürbitte und Vaterunser		
Lied		
Segen		
Musik zum Ausgang		

Baustein 1: Kehrversgeste

Ein Glück,	In die Hände klatschen
mein Gott,	Beide Arme / Hände ausgestreckt nach oben
dass ich	Beide Hände zeigen auf eigene Brust
bei dir	Beide Arme / Hände ausgestreckt nach oben
geborgen bin	Beide Arme über der Brust kreuzen

Baustein 2: Psalm 84 mit Kehrvers

Bei dir, Gott, fühle ich mich zu Hause,
meine Seele sehnt sich danach, bei dir zu wohnen.
Leib und Seele freuen sich in dem lebendigen Gott.
Der Vogel hat ein Nest gefunden
und die Schwalbe ein Nest für ihre Jungen,
du bist da und breitest deine Flügel schützend darüber.

Ein Glück, mein Gott, dass ich bei dir geborgen bin! (zweimal)
Ein Glück für alle, bei denen du wohnst.
Ein Glück, dass du Leben und Glauben schenkst.

Selbst in einem dürren Tal kannst du lebendige
Quellen sprudeln lassen!
Wie beim ersten Licht der Morgentau funkelt,
so hüllst du uns ein mit deinem Segen.

Ein Glück, mein Gott, dass ich bei dir geborgen bin! …

Von dir bekomme ich immer wieder Kraft,
Berge zu erklimmen. Du wartest auf dem Gipfel
und ziehst mich zu dir. Gott, du bist Sonne und Schild,
du gibst auf uns acht, weil du uns liebst.
Ein Glück, dass ich mich darauf verlassen kann.

Ein Glück, mein Gott, dass ich bei dir geborgen bin …

Baustein 3: „Unsere Engel"

Einleitung

„Von guten Mächten treu und still umgeben, behütet und getröstet wunderbar, so will ich diese Tage mit euch leben und mit euch gehen in ein neues Jahr" – Dietrich Bonhoeffer hat diese Zeilen im Gefängnis geschrieben zur Jahreswende 44/45. Obwohl er mit der Hinrichtung rechnen musste, schreibt er: „Von guten Mächten wunderbar geborgen erwarten wir getrost, was kommen mag …" – Wie kann man getrost, zuversichtlich sein in solch einer Situation? Wer oder was mag mit den guten Mächten gemeint sein?

Schon vor Jahrtausenden haben Menschen das Gefühl gehabt, dass es neben der sichtbaren Welt unsichtbare Mächte gibt, die ins Leben hinein wirken. Hinter allem Werden und Vergehen des Lebens muss eine unfassbar große Kraft stehen, aus der alles kommt. Aber wie steht sie mit uns in Verbindung? Direkt? Oder doch eher über Vermittler? Die Menschen suchten nach Bildern für die Mächte, von denen sie ihr Schicksal bestimmt sahen. Und so kamen sie auf Engel.

Bild

Engel als Bilder für orientierende, schützende oder auch bedrohliche Mächte – sie kommen in allen Religionen vor. Und selbst Menschen, die sich nicht religiös verstehen, greifen auf Engelbilder zurück, wenn sie von rätselhaften Fügungen ihres Lebens erzählen.

Es fällt vielen Menschen schwer, sich Gottes Wirken in diese Welt hinein vorzustellen. Gott gibt es ja vielleicht – denken sie. Aber hat Gott etwas mit meinem persönlichen Leben zu tun? Kann Gott darin etwas verändern? Vielleicht in meinem Kopf. Aber ganz real? Schauen wir, was Kindern / Jugendlichen aus unserer Gemeinde zu Engeln eingefallen ist, sei es, dass sie sich welche wünschten, sei es, dass sie ihr Wirken schon gespürt haben.

Hauptteil

*Bilder zeigen, die in der Gruppe entstanden sind, und kommentieren; u. a. kön-
nen folgende Themen zur Sprache kommen:*

Bild

> Da braucht jemand einen Engel, der ihm die Langeweile wegnimmt,
> jemand möchte Begleitung zur Schule, wenn es dunkel ist. Und wenn
> beim Playstation-Spielen der Strom ausfällt, wird auch Beistand ge-
> braucht. Und ganz dringlich erwünscht ist ein tröstender Engel, wenn
> die Mathe-Arbeit nicht so ausfiel, wie man hoffte.

Bild

> Engel wünscht man sich auch in Situationen großer Angst, z. B. bei der
> Achterbahn. Und den tröstenden Engel, wenn man von lieben Men-
> schen Abschied nehmen muss, sei es, dass sie weggezogen oder ge-
> storben sind.

Bild

> Verletzungssituationen sind einigen zu Engeln eingefallen: Es tat weh,
> ging aber irgendwie noch glimpflich ab: die Gehirnerschütterung beim
> Fußball, der Sturz gegen die Heizung bzw. auf die Straße oder etwa der
> umgefallene Schrank im Kinderzimmer.

Bild

> Man sieht auch mal direkt einen Engel in Aktion, häufiger aber den
> dringenden Wunsch nach einem rettenden Engel.

Bild

> Bitte, bitte Engel: wehre dem Zerbrechen der Familie! – Für immer
> mehr Kinder ist die Familie aber schon zerbrochen.

Bild

82

Wo waren da die Engel? Vater und Mutter wenden sich voneinander ab, die Kinder stehen hilflos (ohne Hände) in der Mitte. War vielleicht sogar ein Engel in der Nähe und wurde nur nicht gesehen und gehört?

Überleitung

Ja, wir brauchen häufig Engel. Und vielleicht sollten wir sie herbeirufen. Das wollen wir jetzt mit einem Engel-Rap tun. Die Gemeinde ist eingeladen, mitzurappen beim Kehrvers.

Baustein 4: Die Erzengel

Die meisten Engel der Bibel sind namenlos. Michael, Gabriel, Uriel und Raffael haben Namen. Was wird über sie erzählt?

Bild

Kurz nach Weihnachten haben manche sicher noch den Verkündigungsengel im Kopf, Gabriel. Er sagt Maria die Geburt von Jesus an, vorher schon Zacharias die Geburt von Johannes.

Bild

Und wer kennt Rafael? – ein echtes Erfolgsmodell! Hier seine Geschichte: Ein frommer Israelit hat jemandem viel Geld geliehen. Jetzt braucht er das Geld dringend zurück. Der Schuldner wohnt weit entfernt. Der Weg dahin ist gefährlich. Der alte Tobias kann selbst nicht dorthin gehen, denn er ist inzwischen blind. Sein Sohn Tobias soll reisen. Ein wegekundiger junger Mann wird als Begleiter gefunden. Unterwegs fängt der junge Tobias einen Fisch, dessen Galle er auf Rat seines Begleiters aufhebt. Sie holen das Geld ab und erreichen unversehrt die Heimat. Mittels der Galle wird der alte Tobias geheilt. Als er den Begleiter entlohnen will, gibt sich dieser als Engel zu erkennen und sagt, dass der Dank allein Gott gebühre.

Diese Geschichte steht im fast unbekannten (apokryphen) Buch Tobit. Und ist trotzdem ein Erfolgsmodell: Schutzengel wünschen wir uns, besonders für unsere Kinder.

Bild

Uriel taucht in der Bibel nicht namentlich auf. Aber ihm wird zugeschrieben, dass er mit feurigem Schwert die Pforte des Paradieses bewache und mit Jakob am Jabbok gerungen habe. Uriel tritt als Straf- und Sühne-Engel in Erscheinung. Ob wir gerade ihn angesichts des Zustands unserer Welt öfter herbeirufen sollten?

Michael erscheint laut der Bibel am Ende der Zeit. Man sieht ihn mit Posaune, Lanze bzw. Schwert oder auch mit Waage dargestellt. Es heißt, er werde zum Weltgericht die Posaune blasen, das Böse in Gestalt eines Drachens töten und die Seelen der Menschen wiegen beim Jüngsten Gericht. Michael, der Engel des Gerichts.

Ob wir ihn hin und wieder in uns spüren, wenn wir über unser Leben nachdenken? Wo haben wir den rechten Weg gefunden, wo nicht?

Baustein 5: Apg 12,3–19 als Bibelgespräch

Einleitung

Wir wollen jetzt einem Bibeltext gemeinsam begegnen. Wir lassen die Personen der Bibel reden. Das geht natürlich nur, wenn wir ihnen unsere Stimme leihen. Wir versetzen uns in die Personen der Geschichte. Ich lese den Text stückchenweise vor, mache dann Pause und tue so, als ob die Personen der Geschichte hier säßen. Ich rede mit Ihnen bzw. euch, als ob ihr diese Personen wärt, frage, wie es ihnen gerade geht, was sie gerade fühlen oder denken … euer / Ihr Part ist, jeweils etwas aus diesen Rollen heraus zu antworten.

Aufbereitung von Apg 12,3–19 für die Begegnung

Einleitung

Wir befinden uns im Jerusalem des Jahres 44 nach Christi Geburt. Jesu Kreuzigung liegt etwa zehn Jahre zurück. Neben der Urgemeinde in Jerusalem gibt es auch anderswo kleine Christengemeinden. Meisten bestehen sie aus ehemaligen Juden, aber es gibt auch einige Griechen und Römer darunter.

Die Juden stehen immer noch unter römischer Oberherrschaft. Seit ein paar Jahren beherrscht sie der von den Römern eingesetzte Herodes Agrippa. Agrippa ist in Rom erzogen, hat beste Beziehungen zum römischen Kaiserhaus. Die Juden sind misstrauisch ihm gegenüber.

Die Juden rings um den Tempelkult haben großen Einfluss. Agrippa versucht, sich mit ihnen zu arrangieren: Er hält öffentlich streng die Gesetze des Mose ein. Und als er merkt, dass den einflussreichen Juden die Christen ein Dorn im Auge sind, lässt er einen christlichen Gemeindeleiter ermorden. Das gefällt den Juden des Tempelkultes.

An diesem Punkt beginnt unsere Geschichte, in deren Rollen wir jetzt einsteigen.

Ab jetzt werden Gottesdienstbesucher als Personen der Erzählung angesprochen und in das Geschehen einbezogen. Was sie einbringen, wird von der Leitung sinngemäß wiederholt und u. U. weitergeführt. Zur gleichen Rolle werden durchaus auch mehrere Personen nacheinander angesprochen. Zwischendurch werden immer Passagen des Bibeltextes vorgelesen, wodurch die Gedanken der Gottesdienstbesucher mit dem Fortgang des Geschehens nach dem biblischen Text und seinen Akteuren in einen intensiven Austausch geraten.

FRAGE: Majestät Agrippa, sehr viele Leute in Jerusalem leben vom religiösen Tourismus, also vom Tempelkult. Die Christen sagen: Gott will, dass wir Gerechtigkeit und Frieden schaffen, Hungrige speisen statt im Tempel Tiere zu opfern. Das stört die einflussreichen Jerusalemer. Dass Sie einen christlichen Gemeindeleiter töten ließen, hat diesen Leuten sehr gut gefallen. Bei den Christen läuft aber noch ein Typ herum, der viel gefährlicher ist als der Getötete. Petrus heißt er. Überall predigt der von diesem Jesus. Petrus ist sehr überzeugungskräftig. Wollen Sie den wirklich weiter frei herumlaufen lassen?

ANTWORT(EN): ...

FRAGE: Und was wollen Sie mit ihm tun?

ANTWORT(EN): ...

LESUNG: Als Herodes Agrippa sah, dass es den Juden gefiel, wie er mit den Christen umging, nahm er auch noch Petrus fest am Vorabend des Passahfestes. Er ließ Petrus ins Gefängnis werfen: Vier Abteilungen von je vier Soldaten sollten ihn bewachen. Nach dem Passahfest sollte Petrus dem Volk vorgeführt werden.

FRAGE *(weiter an Agrippa gewandt)*: Kluger Plan! Und gut vorgesorgt. Während des Passahfestes kann man keine Prozesse führen, das würde die religiösen Gefühle verletzen. Aber danach ein öffentliches Verfahren gegen Petrus, das macht einen guten Eindruck: Das Volk soll entscheiden. Welche Juden wollen Sie besonders dazu einladen?

ANTWORT(EN): ...

FRAGE: Was erwarten Sie? Sie haben ja unglaublich viele Soldaten zur Bewachung dieses einen Mannes abgestellt. Warum?

LESUNG: Petrus saß also im Gefängnis. Seine Gemeinde betete aber unaufhörlich für ihn zu Gott.

FRAGE *(an einen der Wächter)*: Sie sind mit fünfzehn anderen Soldaten für diesen einen Gefangenen zur Bewachung abgestellt. Warum so viele?

ANTWORT(EN): …

FRAGE: Was denken Sie persönlich über diese Festnahme? Was wird Petrus vorgeworfen?

ANTWORT(EN): …

FRAGE: Finden Sie es okay, dass man für seine religiöse Haltung eingesperrt wird?

ANTWORT(EN): …

FRAGE: Wie wirkt der Gefangene auf Sie?

ANTWORT(EN): …

FRAGE *(an den gefangenen Petrus)*: Du sitzt jetzt 24 Stunden hier im Gefängnis unter strenger Bewachung. Wie ist dir zumute?

ANTWORT(EN): …

FRAGE: Morgen sollst du dem Volk vorgeführt werden: Was denkst du, was man dir vorwerfen wird?

ANTWORT(EN): …

FRAGE *(an Gemeindeglieder des Petrus, die sich in einem Haus versammelt haben)*: Euer Glaubensgenosse Petrus wartet im Gefängnis auf seinen Prozess. Und ihr sitzt hier und betet. Warum?

ANTWORT(EN): …

FRAGE: Was hofft ihr? Was könnt ihr tun? Oder Gott?

ANTWORT(EN): …

LESUNG: In der Nacht, bevor Agrippa ihn vorführen wollte, schlief Petrus zwischen zwei Soldaten, gefesselt mit zwei Ketten. Und Posten vor der Tür bewachten das Gefängnis. Und siehe, ein Engel Gottes trat heran, und ein Licht leuchtete im Kerker. Er stieß Petrus aber in die Seite, weckte ihn und sagte: „Steh schnell auf!" Und die Ketten fielen ihm von den Händen.

FRAGE *(an Petrus)*: Mitten in der Nacht wirst du im Gefängnis von einem Unbekannten geweckt: Was geht in dir vor, als du so aus dem Schlaf hoch schreckst?

ANTWORT(EN): …

LESUNG: Der Engel aber sagte zu ihm: „Gürte dich und binde deine Sandalen unter." Petrus machte das. Und der Engel sagte: „Wirf dein Oberkleid um und folge mir!" Und Petrus ging hinaus und folgte und wusste nicht, dass das, was durch den Engel geschah, real war. Er meinte vielmehr, eine Erscheinung zu sehen. Als sie aber durch die erste und die zweite Wache gegangen waren, kamen sie an das eiserne Tor, das in die Stadt führte: das öffnete sich für sie von selbst. Und nachdem sie hinausgegangen waren, gingen sie auf einer Straße voran. Und sogleich ging der Engel von ihm weg.

FRAGE *(an Petrus)*: Eben noch im Hochsicherheitstrakt angekettet, stehst du plötzlich als freier Mann ganz allein auf einer dunklen Straße außerhalb der Gefängnismauern. Was denkst und fühlst du? Wie erklärst du dir das alles? Was willst du jetzt tun?

ANTWORT(EN): …

LESUNG: Und Petrus kam zu sich und sagte: „Jetzt weiß ich wahrhaftig, dass Gott seinen Engel ausgesandt und mich aus der Hand des Herodes und den Erwartungen des Volkes der Juden herausgeholt hat." Und als er sich darüber klar geworden war, kam er an das Haus Marias, der Mutter von Johannes Markus. Dort waren viele versammelt und beteten. Als Petrus nun an das äußere Tor klopfte, kam die Magd Rhode herbei, um zu hören, was los war. Sie erkannte die Stimme des Petrus, öffnete ihm aber nicht das Tor, sondern rannte hinein und berichtete, Petrus stehe vor der Tür.

FRAGE *(an die Magd)*: Sag mal: Warum hast du denn nicht einfach aufgemacht?

ANTWORT(EN): …

LESUNG: Die aber sagten zu ihr: „Du bist verrückt!" Sie aber beteuerte, es sei so. Die aber sagten: „Es ist sein Engel." Petrus aber klopfte weiter. Als sie aber öffneten, sahen sie ihn und gerieten außer sich.

FRAGE *(an die Versammelten)*: Hört mal: Warum seid ihr so erschrocken? Ihr wisst doch, dass Gott helfen kann …?

ANTWORT(EN): …

LESUNG: Er aber winkte ihnen mit der Hand zu schweigen, und erzählte, wie Gott ihn aus dem Gefängnis herausgeführt hatte, und sagte: „Berichtet das Jakobus, dem Bruder Jesu, und der ganzen Gemeinde." Und er ging hinaus und begab sich an einen anderen Ort. Als es Tag geworden war, gab es unter den Soldaten große Aufregung darüber, was wohl aus Petrus geworden sei.

FRAGE *(an die Wachleute)*: Im Erwachen bemerkt ihr das Verschwinden von Petrus. Was denkt ihr? Wie geht es euch?

ANTWORT(EN): …

LESUNG: Als aber Agrippa nach Petrus verlangte und dieser nicht mehr da war, verhörte er die Wächter und ließ sie abführen. Er ging dann nach Caesarea und blieb dort.

Zusatzinformation

Agrippa überlebte diesen Vorfall nur kurz … Die Apostelgeschichte wie auch römische Geschichtsschreibung berichten, dass Agrippa kurz danach in einem silbern leuchtenden Gewand im Theater von Cäsarea eine Rede gehalten habe. Das Volk habe ihm schmeichlerisch gehuldigt wie einem Gott und Agrippa sei es recht gewesen. Der Engel Gottes habe diese Überheblichkeit mit einem plötzlichen Tod gestraft.

Ausklang

Eine rätselhafte Geschichte! Ein Todgeweihter wird auf geheimnisvolle Weise aus einem Hochsicherheitstrakt befreit. Man erfährt nichts von Komplizen. Scheinbar mühelos werden Ketten abgestreift. Mehr als ein Dutzend Wächter hören und sehen nichts, Türen öffnen sich wie von selbst. Alles geht so leicht.

Wider alle Wahrscheinlichkeit wird ein Mensch aus einer auswegslosen Lage befreit. Auf geheimnisvolle Art erfüllen sich die Bitten der Betenden. Sie selbst sind völlig überrascht davon, dass Petrus wirklich freikam.

Sind in unserem Umfeld nicht auch Menschen in auswegslosen Lagen? Es gibt so viele Arten von Gefängnissen, äußere und innere? Trauen wir Gott – indem wir hoffend und betend Menschen begleiten – zu, dass er auch heute bei uns geheimnisvoll Gefängnisse aufbricht und Menschen befreit?

Und der Friede Gottes, der höher ist …

Alternativen

1. Im Unterricht wird vorbereitend Apg 12,3–19 erzählt: Konfirmandinnen und Konfirmanden zeichnen Bilder zu den verschiedenen Szenarien. Diese Bilder werden in die Lesung bzw. in die Ansprache einbezogen.

2. Kinder/Jugendliche befragen vorbereitend Erwachsene ihres Umfelds nach ihren Erfahrungen mit Engeln. Die Ergebnisse der Befragung werden in die Ansprache zu Engeln eingearbeitet. (Baustein 6)

Baustein 6: Befragungsbogen

Engel sind für mich … (mehrere Kreuze sind möglich!)

☐ Erfindungen der Werbung, um viel zu verkaufen.

☐ überirdische Wesen, die Gott im Himmel loben und ehren.

☐ überirdische Wesen, die vom Himmel auf die Erde kommen.

☐ Boten Gottes, die Gottes Willen verkünden oder für Gott handeln.

☐ Menschen, die anderen Geschöpfen Gutes tun.

☐ geheimnisvolle Mächte, die Schutz und Gedeihen spenden.

☐ märchenhafte Gestalten, zur Beruhigung von Menschen ausgedacht.

Engel in der Bibel

Im Alten Testament wird von Engeln erzählt, die sich Menschen in den Weg stellen, die gerade etwas Böses tun wollen. Im Neuen Testament erzählt Lukas, dass der Engel Gabriel die Geburten Johannes des Täufers und Jesu ankündigt. Und den Hirten auf dem Felde in der Nacht wird von Engeln die Geburt des Heilands verkündigt. – Was denkst du über diese Engel?

_____

_____

Engel – ganz persönlich

▪ Glaubst du, dass es Engel gibt?

_____

▪ Bist du selbst schon einmal einem Engel begegnet? Wenn ja: Wann und wo hast du gespürt, dass dir ein Engel nahe war?

_____

_____

_____

9 Wir sind das Salz der Erde

Vorbereitende Schritte

Der 8. Sonntag nach Trinitatis fällt fast immer in die Zeit der großen Ferien: Im Vorfeld wird den Konfis das Märchen vom Salz erzählt. Sie malen Bilder dazu, die für eine Powerpointpräsentation aufbereitet werden.

Es werden kleine Salzpäckchen gepackt (Folie, Zierband mit Schleife), an denen jeweils ein Papierstreifen mit dem ausgedruckten Mt 5,13 hängt. Für alle Gottesdienstbesucher steht am Ende so ein Salzpäckchen zum Mitnehmen zur Verfügung.

Ausstattung des Kirchenraums

Gesangbücher, Leinwand, Beamer, Laptop, einige Teller mit größeren Salzkristallen

Ablauf

Element	Beispiel	Baustein
Musik zum Eingang		
Begrüßung		
Eingangslied	Nun steht in Laub und Blüte	
Psalm im Wechsel	Ps 104	
Meine Hoffnung und meine Freude / Kyrie / Gloria		
Kollektengebet		Baustein 1
Lesung	Mt 5,13	
Lied	EG 395	
Ansprache Teil 1		Baustein 2
Lied	EG 395	
Märchen	Mit Bildern	Baustein 3
Ansprache Teil 2		Baustein 4
Lied	Glaubenslied (S. 10)	
Abkündigungen		
Lied	EG 182,1–6	
Fürbitten	Oh Gott, mach mich zum Werkzeug deines Friedens …	
Vaterunser		
Lied	Der Mond ist aufgegangen	
Segen		
Musik		

Baustein 1: Kollektengebet

Gott, es ist Ferienzeit für viele, Zeit zum Spielen und Lesen,
für Musik und Sport, Zeit, mit anderen zu lachen,
gemeinsam etwas zu entdecken,
unsere Kräfte an Neuem zu erproben.
Danke für jede erfüllte Stunde!
Hilf uns, dass wir unsere Fähigkeiten
und Kräfte nicht nur für uns selbst nutzen.
Lass uns spüren, wo du uns brauchst,
um deine gute Schöpfung weiterzuentwickeln.
Das bitten wir dich durch Jesus Christus,
unseren Bruder, der mit dir und dem Heiligen Geist
lebt und wirkt heute und allezeit. Amen.

Baustein 2: Ansprache Teil 1

Jesus sprach zu seinen Jüngern: Ihr seid das Salz der Erde. *(Zwei Salz-packungen hochhalten!)* Ein Päckchen Salz kann man für 29 Cent er-werben, wenn man die teure Sorte wählt, kostet es vielleicht 59 Cent. Salz der Erde sind wir oder sollten wir sein, sagt Jesus. Das sieht erst mal nach einer wenig wertvollen Substanz aus, womit wir da verglichen werden. Salz sollen wir sein. Ist das nicht etwas beschämend?

Wie beschämend es Menschen finden, mit Salz verglichen zu werden, das lässt uns ein tschechisches Märchen erleben. Wir hören es gleich und sehen dazu die Bilder von ... *(Namen der Kinder nennen!)*

Ein Teller mit großen Salzkristallen (Saline) geht durch die Reihen; jeder kann sich davon etwas nehmen.

Baustein 3: Märchen „Salz ist mehr als Gold"

Die Darstellungen der Kinder werden passend zum Text eingeblendet.

Es war einmal ein reicher und mächtiger König. Er lebte auf einem großen Schloss mit seinen drei Töchtern. Alle drei waren schön. Doch die Jüngste war die Allerschönste. Sie hieß Liduschka und war von reinem Herzen, klug und bescheiden. Die meiste Zeit verbrachte Liduschka im Garten, erfreute sich an Blumen und redete mit den Vögeln, ihren Freunden.

Liduschka war überall so beliebt, dass ihre Schwestern neidisch wurden. Eines Tages gingen sie zum König und behaupteten, Liduschka habe ihn nicht lieb. „Wenn sie dich lieb hätte, würde sie den Schmuck tragen, den du ihr geschenkt hast. Sie trägt aber niemals deinen Schmuck."

Der König wollte zuerst nicht glauben, dass Liduschka ihn nicht liebte. Weil ihre großen Schwestern dies aber immer wieder behaupteten, rief er schließlich alle drei Töchter herbei. „Wie sehr liebst du mich?" fragte er die Älteste. „So sehr wie das Gold", antwortete sie. „Gut", sagte er und fragte die zweite Tochter: „Und wie sehr liebst du mich?" „So sehr wie Silber und Edelsteine", antwortete sie. „Gut", sagte der König. „Und wie ist es bei dir, Liduschka?"

„Du bist mir das Liebste auf der Welt, Vater, sogar lieber noch als Salz", antwortete sie und wollte ihn umarmen. Aber der König stieß sie zurück. „Dein Vater ist dir nicht viel mehr wert als eine Hand voll Salz?", schrie er zornig. „Jetzt sehe ich, dass meine älteren Töchter recht hatten. Du liebst mich nicht! Nimm eine Hand voll Salz und verlass mein Schloss! Ich will dich nicht mehr sehen!"

So jagte er Liduschka aus dem Tor und rief ihr nach: „Erst wenn das Salz mehr wert ist als Gold und Edelsteine, darfst du wiederkommen."

Liduschka lief in den Wald. Sie war sehr traurig, weil ihr Vater sie nicht verstanden hatte und fortschickte. Es wurde dunkel und Liduschka verirrte sich. Sie stolperte mit ihrem Salzsäckchen über Baumwurzeln und zerriss sich das Kleid. Als sie glaubte, nie mehr aus diesem Wald herausfinden zu können und verzweifelt stehen blieb, hörte sie ein Zwitschern.

Ihre Vogelfreunde aus dem Schlossgarten waren ihr nachgeflogen und zeigten ihr nun den Weg zu einer einsamen Hütte im Wald. Liduschka klopfte zaghaft. Eine alte Frau öffnete und lud sie freundlich zum Bleiben ein. „Ich kenne deine Schwestern und weiß, was dir geschah", sagte sie.

Dann stellte sie einen Topf mit Wasser aufs Feuer und warf seltsame Kräuter hinein. Um Mitternacht beugte sie sich über das kochende Gebräu und sprach: „Ihr habt Salz verachtet – kein Salz für euch!" Dampfwolken stiegen aus dem Topf. „Ihr habt Liduschka weh getan. Das soll euch leidtun", sagte die Alte. Dann war Stille.

Noch in derselben Nacht wurde die Salzkarawane in den Wäldern des Königs überfallen und ausgeraubt. Auf dem Schloss aber gab der König große Festessen, als wäre nichts geschehen. Das Salz jedoch wurde immer weniger. Und eines Tages meldeten die Köche, alles Salz im Schloss sei aufgebraucht und neues nicht eingetroffen. Der König und seine Töchter kümmerten sich nicht darum. Sie aßen nun einfach nur noch Süßigkeiten. Und im Anfang gefiel ihnen das.

„Bewacht die nächste Salzkarawane durch Soldaten", befahl der König. Das geschah. Aber als die Karawane mit den Salzsäcken in die Berge kam, begann es zu regnen. Es regnete so stark und so lange, dass kein Körnchen das Königreich erreichte, ganz so, wie es die alte Frau herbeigeschworen hatte. „Das macht nichts", sagte der König, „unsere Köche können auch ohne Salz leckere Speisen kochen." Sie aßen also weiter lauter Süßigkeiten.

Aber bald zitterten dem König die Beine und die Zähne schmerzten, ebenso seinen Töchtern. Ihnen wurde schon beim Anblick von Kuchen schlecht. Die Köche sollten Abhilfe schaffen, sich etwas einfallen lassen. Aber wie? „Gib uns Salz!", sagten sie. „Ohne Salz geht es nicht."

Da schickte der König Boten ins Land, die Salz bei den Untertanen aufkaufen sollten. Einen Beutel Gold für ein Säckchen Salz ließ er ihnen

anbieten. Aber niemand verkaufte ihm Salz. Auch als der König dreimal oder schließlich neunmal so viel Gold für Salz tauschen wollte, gab
niemand sein Salz her. Denn alle wussten: Ohne Gold kann man gut leben, ohne Salz aber nicht.

Der König war verzweifelt. Denn alle Bewohner des Schlosses waren inzwischen schwer krank, am schlimmsten seine Töchter. Schwach und
voller Schmerzen lagen sie im Bett und weinten über das, was sie Liduschka angetan hatten. Des Königs Versuche, Liduschka wiederzufin-
den, waren alle gescheitert. Niemand hatte eine Spur von ihr gefunden.

Jetzt bot der König sein halbes Königreich an für den, der seine Töchter
heilen könnte. Aber so viele Ärzte sich auch bemühten, niemand konnte
helfen. Und es gab kein einziges Körnchen Salz mehr im Land.

Der König selbst lag nun sterbenskrank im Bett und hatte keine Hoffnung mehr. Da erschienen eine alte Frau und ein Mädchen im Schloss
und drangen bis zum König vor. Der Kranke erkannte in dem Mädchen
mit dem Salzsäckchen seine Tochter und bat sie unter Tränen um Verzeihung. Aber Liduschka hatte ihm und ihren Schwestern längst verzie-
hen. Der Zauberspruch der Alten verlor seine Wirkung, nachdem das
Unrecht eingestanden und wieder gut gemacht worden war. Neues Salz
kam ins Land und alle Bewohner gesundeten. Und die drei Schwestern
saßen nun wieder alle drei glücklich neben ihrem königlichen Vater.

Baustein 4: Ansprache Teil 2

Im Märchen haben wir es uns erzählen lassen: Salz ist lebensnotwendig, ohne Salz kann kein Lebewesen existieren. Salz ist in unseren Körper eingebaut (0,9 %), in Knochen, Sehnen, Muskeln, Nerven und vor allem ins Blut. Ohne Salz brechen der Wasserhaushalt, Muskeln und Nerven zusammen. Wir geben täglich einige Gramm Salz ab und brauchen täglich ein paar neue Krümel, um gesund zu bleiben.

Aber das ist ja längst nicht alles, wo Salz gebraucht wird. Wie hätte es im letzten Winter bei uns ausgesehen, wenn es kein Streusalz gegeben hätte? Und wie hätten Menschen in früheren Zeiten überleben können, wenn sie ihre Nahrungsmittel nicht mittels Salz hätten konservieren können: Sauerkraut, Gurken, Salzheringe? Salz tötet Bakterien und Pilze, nicht nur auf Nahrungsmitteln, sondern auch am menschlichen Körper. Wir kennen Salzspülungen von Hals und Nase, Solebäder und vieles mehr.

Zu Jesu Zeiten galt Salz als eine Art medizinisches Wundermittel: Man rieb den Körper von Neugeborenen damit ein und streute es in offene Wunden: Das brannte, aber es desinfizierte auch.

Salz – ein kostbares und lebenswichtiges Element: „Ihr seid das Salz der Erde!", sagt Jesus zu den Frauen und Männern, die ihm nachfolgen. Es ist eine Würde, als Salz angesehen zu werden. Das heißt doch: Ihr seid ungeheuer wichtig mit dem, was ihr als Christen einbringen könnt in die Gestaltung der Welt. Salz sein heißt, so anzupacken in der Welt, wie Jesus es uns vorgemacht hat!

Anzupacken, damit die Erde heil bleibt bzw. heil wird, ist heute so aktuell wie damals. Wo überall unsere Erde kaputt ist, erfahren wir täglich aus Medien: Kriege, Attentate, ungerechte Verteilung der Güter der Erde, Ölverschmutzung, Gewalt auf der Straße – das sind nur einige der Wunden der Erde, die dringlich Salz brauchen …

„Ihr seid das Salz der Erde!" schärft Jesus seinen Freundinnen und Freunden ein. „Vergesst das nicht! Die Erde braucht euch!" Würde und Bürde sind immer gekoppelt, auch beim Salz.

Offenbar wusste Jesus schon, dass wir gern Ausreden finden, wenn es darum geht, selbst anzupacken. Warum ich? Das können andere machen. Habe schon genug zu tun! Wie oft sind wir träge oder drehen uns nur noch um uns selbst! Oder: Wer weiß, ob man nicht Ärger kriegt, wenn man sich einmischt? Nee, da halte ich mich lieber raus! Wir haben Furcht vor dem Risiko, Kleinmut beherrscht uns. Oder: Das nutzt doch sowieso nichts! Gegen die da oben können wir einfachen Leute gar nichts bewegen! Resignation lähmt uns. Wir stimmen der eigenen Ohnmacht zu.

Trägheit, Kleinmut, Resignation … Es hat schon Salz-Leute gebraucht, die Sklaverei abzuschaffen, die Gleichberechtigung von Frauen durchzusetzen oder Unterstützung für Kranke und Behinderte einzurichten.

Es waren Salz-Leute, die in Ostdeutschland die Wende ins Rollen brachten. Ohne Salz keine heilvolle Weiterentwicklung der Welt! Christ sein heißt Salz der Erde sein!

„Ihr seid das Salz der Erde", sagt Jesus. „Wenn nun das Salz nicht mehr salzt, womit soll man salzen?" – Gute Frage, ja, finde ich auch. Wenn das Salz nicht mehr salzt, ist es nutzlos. „Es ist zu nichts mehr nütze, als dass man es wegschüttet und lässt es von den Leuten austreten", sagt Jesus. Das klingt ziemlich brutal: Ausgetreten werden, wenn man sich davor drücken will, Salz zu sein? Mann, das ist hart!

Weißt du was, Matthäus – sag ich zum Autor – ich denke, Jesus hat gewusst, dass wir immer wieder beim Salz-Sein versagen, ja, ab und zu schlapp machen als Salz-Leute … Aber uns endgültig abschreiben, nein, das tut Jesus nicht, glaube ich. Gott gibt uns täglich neue Chancen, als Salz zu wirken. Bestimmt sind wir nie fertig als Salz. Aber Gott hilft uns, immer neu und immer mehr Salz der Erde zu werden. Jesus zeigte uns, wie das geht. (Und der Friede Gottes …)

10 Die Prinzessin kommt um 4

Vorbereitende Schritte

Das Bilderbuch „Die Prinzessin kommt um vier: Eine Liebesgeschichte"
(von Wolfdietrich Schnurre, gezeichnet von Rotraut Susanne Berner,
Aufbau Verlag, Berlin 2010) wird in der Gruppe besprochen: Die Kinder entdecken, dass viele Menschen gern schöner, strahlender und „be-
sonderer" wären, als sie sind. Und dass sie anderen gern mal etwas
vormachen – sich aufspielen, sich ein Geheimnis zulegen oder eine Hel-
dentat. Was tun Menschen, wenn sie die Wahrheit erfahren? Sich ab-
wenden? Den Kontakt abbrechen? Wünschen wir uns ein Gegenüber
wie Herrn Schnurr: der uns am Ende doch erträgt, so wie wir sind.

Das Buch wird in Szenen aufgeteilt: Im Zoo (1), am Käfig der Hyäne (2),
Herr Schnurr in seinem Haus (3), der Besuch der Hyäne (4), die Wahrheit (5). Für jede Szene gibt es kurze Texte (die auch in der Gruppe bearbeitet werden können). Jeweils zwei (drei) andere Kinder stellen pro
Szene den Erzähler, Herrn Schnurr (und die Hyäne).

Die echten Bilder können per Beamer gezeigt werden.

Ausstattung des Kirchenraums

Leinwand, Beamer, Laptop; für das Spiel: einen Tisch, zwei Stühle für
die Tee-Stunde; der Rest der Kulisse bleibt der Fantasie überlassen.

Ablauf

Element	Beispiel	Baustein
Musik zum Eingang		
Begrüßung		
Eingangslied		
Psalm im Wechsel	Ps 139, gekürzt	
Meine Hoffnung und meine Freude / Kyrie / Gloria		
Kollektengebet		Baustein 1
Lied		
Spiel		Baustein 2[13]
Ansprache		Baustein 3
Lied	Glaubenslied (S. 10)	
Tauferinnerung (vgl. S. 33)		
Abkündigungen		
Lied	Vergiss es nie	
Fürbitte und Vaterunser		
Segen		
Lied	EG 171	
Musik zum Ausgang		

---

13 Auch auf www.v-r.de bei der Nennung des Titels zum Ausdruck.

Baustein 1: Kollektengebet

Gott, du Quelle des Lebendigen,
morgen beginnt die neue Arbeitswoche.
Jetzt sind wir hier zusammen,
klein und groß, alt und jung,
unterschiedlich an Gaben und Kräften,
eine bunte Schar.
Manche sind mit sich zufrieden,
fühlen sich stark, schön
und von anderen akzeptiert.
Andere sehen sich als hässlich,
unbegabt und schwach an:
Niemand mag mich so, wie ich bin,
denken sie, nicht mal ich selbst.
Großer Gott, lass all unsere Unterschiede
in dieser Stunde bei dir aufgehoben sein.
Schenke uns eine neue Sicht
auf uns selbst und auf andere.
Das bitten wir dich durch Jesus Christus,
unseren Bruder,
der mit dir und dem Heiligen Geist
lebt und wirkt heute und alle Zeit. Amen.

Baustein 2: Spiel

Szene 1: Im Zoo

Erzähler auf der Kanzel; Herr Schnurr geht langsam zwischen den Sehenswürdigkeiten umher – zeigt, staunt, freut sich. Er ahmt die Affen nach, füttert die Enten, ärgert den Löwen (solange er nicht zu nahe kommt).

ERZÄHLER: Seht mal: Das ist Herr Schnurr. Herr Schnurr hat heute frei. Das Wetter ist sehr schön. Da geht Herr Schnurr in den Zoo. – Hier seht ihr ihn, wie er langsam von Gehege zu Gehege geht. Hier und da bleibt er stehen. Hier und da macht er ein Foto. Hier und da lacht er oder er staunt oder er ruft ganz laut:

HERR SCHNURR: Nein, wie bemerkenswert! Wie einzigartig! Wie wunder-, wunder-, wunderschön!

Szene 2: Am Käfig der Hyäne

Die „Hyäne" trägt ein Drakula- oder sonstiges Gruselkostüm. Sie steht auf einem Stuhl und präsentiert trotzig ihre Wildheit.

ERZÄHLER: Doch was ist das? Auf einmal bleibt Herr Schnurr wie angewurzelt stehen. Da ist ein Käfig und er liest das Schild:

HERR SCHNURR: Hy-ä-ne …

ERZÄHLER: … steht da drauf. Und drin ist etwas schrecklich Hässliches: Ein Tier mit fleckigem Fell, mit einem Grinsen im Gesicht, mit unterschiedlich langen Beinen – und der Gestank – bestialisch!

HERR SCHNURR: Du meine Güte …

HYÄNE *(heiser, zischelnd)*: Das sagen sie alle!

HERR SCHNURR *(erschrocken)*: Oh, du sprichst?

HYÄNE: Das hören nur die wenigsten!

HERR SCHNURR: Wie geht es dir?

HYÄNE: Da fragt sonst keiner. Hör zu: Ich sag dir ein Geheimnis. Ich bin eine verwandelte Prinzessin. In Wahrheit bin ich wunderschön! Und adlig. Und berühmt.

HERR SCHNURR: Das ist ja kaum zu glauben.

HYÄNE (*seufzt*): Ich weiß. Es glaubt auch keiner.

HERR SCHNURR (*entschlossen*): Ich will dir gern glauben. Ich will auch gern was für dich tun. Wie kann ich dich befreien?

HYÄNE: Nichts leichter als das. Du musst mich nur zu dir nach Haus einladen.

HERR SCHNURR: Dich? Zu mir? (*entsetzt; beherrscht sich*) Na gut, warum auch nicht? Dann mach mir doch die Freude – morgen um vier, zum Tee?

HYÄNE: Ich werde pünktlich sein.

Szene 3: Herr Schnurr in seinem Haus

Herr Schnurr geht geschäftig umher: deckt den Tisch, arrangiert Blumen, kocht Tee …

ERZÄHLER: Am nächsten Tag um zwei beginnt Herr Schnurr, sich vorzubereiten. Er trägt einen feinen Anzug. Er deckt den Tisch. Er richtet Essen an: Aufschnitt, Brötchen, Toast. Und im Kessel kocht das Teewasser.

HERR SCHNURR (*summt vor sich hin*): Hier ein Kekschen, da ein Törtchen – alles fürs Prinzesschen … Es soll ja schön sein … fein sein … man will ja nicht so sein …

Szene 4 Der Besuch der Hyäne

Es klingelt an der Haustür. Die Hyäne – aufrecht, mit einer Blume, davor. Herr Schnurr öffnet.

HERR SCHNURR: Meine Liebe, meine Liebe! Wie schön, dass Sie es einrichten konnten! Und so pünktlich! Ach, kommen Sie doch herein!

HYÄNE: Ich danke auch sehr für die Einladung. Schauen Sie: Ich habe Ihnen eine Blume mitgebracht!

HERR SCHNURR: Das wäre doch nicht nötig. – Hier entlang. Sehen Sie: Da ist der Tisch gedeckt. Wenn es so recht ist …

HYÄNE (*gerührt*): Aber das ist ja – überwältigend! Herr Schnurr, so eine Mühe haben Sie sich gegeben! Alles für mich!?

HERR SCHNURR: Na ja, wenn man weiß, was in Ihnen steckt …

HYÄNE *(betroffen)*: Oh, gewiss – wir werden sehen …

HERR SCHNURR: Aber bitte – reden wir nicht davon! Lassen Sie uns ein schönes Tässchen Tee genießen. Und probieren Sie die Pastetchen … Bitte, bedienen Sie sich!

HYÄNE: Oh, wie köstlich! Wie freundlich! Noch nie …

Szene 5: Die Wahrheit

Zeit ist vergangen. Herr Schnurr und Frau Hyäne sitzen noch immer plaudernd am Kaffeetisch; sie fühlen sich wohl miteinander. Sie lachen. Schließlich schlägt eine Uhr sechsmal.

ERZÄHLER: Wie gut sich die beiden vertragen. Herr Schnurr und Frau Hyäne unterhalten sich gut. Aber sonst geschieht – nichts …

HERR SCHNURR: Oh, so spät schon!

HYÄNE: Es wird wohl Zeit …

HERR SCHNURR *(schaut sie an)*: Wie man es nimmt …

HYÄNE *(unbehaglich)*: Sehen Sie mich nicht so an … Ich weiß schon … was Sie denken … Sie warten …

HERR SCHNURR: Aber nein, ich versichere Ihnen …

HYÄNE: Ich muss Ihnen die Wahrheit sagen.

HERR SCHNURR: Ich hätte nie gedacht … – Ich mag Sie richtig gern.

HYÄNE *(platzt heraus)*: Ich bin keine Prinzessin! (weint)

HERR SCHNURR: Ach das … (winkt ab) Das weiß ich längst.

HYÄNE *(schnappt nach Luft)*: Und?

HERR SCHNURR *(hebt die Schultern)*: Wie man es nimmt …

Baustein 3: Ansprache

Mal ehrlich: Können wir das? So freundlich sein wie Herr Schnurr? Und anders gefragt: Brauchen wir das? So eine Freundlichkeit wie die von Herrn Schnurr?

Hyänen sind wir nicht. Herr Schnurr sind wir auch nicht. Aber versetzen wir uns einmal in diese beiden. Zuerst in die Hyäne. Sie weiß, wie sie riecht, wie sie aussieht, wie ihre Stimme klingt. Sie weiß, dass sie Aas frisst. Sie weiß, wie gefährlich sie ist. Aber sie weiß noch eines und das ist für sie viel schlimmer: Sie weiß, dass niemand sie je zum Tee einladen wird.

Ja, wenn sie eine verwunschene Prinzessin wäre! Wenn sich also jemand was davon versprechen würde, sie einzuladen. Dann würde er's wohl tun. Das bringt sie auf ihren verzweifelten Plan. „Ich bin eine verwunschene Prinzessin", flüstert sie Herrn Schnurr ins Ohr.

Versetzen wir uns in Herrn Schnurr: Er staunt. Er liebt es, diese vielfältigen exotischen Tiere im Zoo anzuschauen. Über die Hyäne staunt er – weil sie so hässlich ist. Sie zieht ihn an, weil sie ihn abstößt. Ja, er staunt.

Und wenn sie eine verwunschene Prinzessin wäre? Das ist wahrscheinlicher, denkt er, als wenn ich glauben müsste, sie ist so hässlich, wie sie aussieht. Das kann doch einfach nicht alles sein!

Er lässt sich täuschen. Er lädt sie ein. Er nimmt es mit dem Scheusal auf. Und sieh da: Es wird ein unvergesslicher Nachmittag. Ein Wunder. Obwohl das Wunder, das Wunder der äußeren Verwandlung nicht geschieht. Herr Schnurr ist offen für das innere Wunder: dass man sich mögen kann, so wie man ist.

Herr Schnurr hat jede Menge Kraft und Fantasie in seiner Seele. Er hält die Lüge aus – weil er sie gut versteht –, er hält die Hyäne und ihren Gestank aus – weil er in ihr, wenn auch nicht eine Prinzessin, so doch ein Geschöpf Gottes, ein einmaliges Wesen sieht.

So wie Herr Schnurr zu sein, das sollten wir üben. Dann mögen sogar Hyänen wertvoll und liebenswert werden – in unseren und in ihren eigenen Augen.

Übrigens: Jesus konnte das auch: Er sah die Menschen an, mit liebevollen Augen – und er sah, was in ihnen steckte, und sie sahen es auch – und lebten fortan anders! (Und der Friede Gottes …)

11 Eine starke Währung

Vorbereitende Schritte

1. Mit den Konfis wird das Gleichnis von den „Talenten" bearbeitet: Am Beispiel Geldausgeben entdecken wir: Das wenigste von dem, was wir haben, verdanken wir uns selbst. Darum macht es auch nicht glücklich, unsere Gaben nur für uns selbst einzusetzen. Die stärkste Währung ist die Liebe!

2. Die Konfis entscheiden sich, das anhand von käuflichen Verlockungen durchzuspielen: Auto, Haus, Einrichtung, Fernseher, Urlaub, Kleider. Die Verlockungen werden einzeln auf große Plakate geklebt, gezeichnet, collagiert. Die Plakate bekommen einen Stiel; sechs Spieler werden ausgesucht.

3. Im Spiel werden weiterhin benötigt: ein „Mann", der den Verlockungen ausgesetzt wird; zwei Engel, denen er in einem Traum über eine Begegnung nach seinem Tod begegnet.

4. Als Kulisse „Im Himmel" wird vorbereitet: ein Büffett mit verlockender Auslage (Essen, Güter nach Belieben), eine Kasse.

5. Als Requisiten: ein Beutel mit großen Goldmünzen (Pappe und Folie).

Ausstattung des Kirchenraums

Möblierung des Altarraums (s. o.), eine Filmleuchte o. Ä. so installieren, dass einmal der linke und später der rechte Teil des Altarraums angestrahlt werden kann; während des Spiels ist der Rest der Kirche dunkel.

Ablauf

Element	Beispiel	Baustein
Musik zum Eingang		
Begrüßung		
Eingangslied		
Lied	Ich sing dir mein Lied, 1–3	
Psalm im Wechsel	Ps 103 (bearb.)	Baustein 1
Meine Hoffnung und meine Freude / Kyrie / Gloria		
Kollektengebet		
Lesung	Mt 25,14–30	
Lied	Ich sing dir mein Lied, 4–5	
Einführung Spiel		
Spiel der Konfis		Baustein 2[14]
Lied	Vergiss es nie	
Ansprache		Baustein 3
Lied	Glaubenslied (S. 10)	
Tauferinnerung (vgl. S. 33)		
Lied		
Fürbitten, Vaterunser		
Segenslied		
Segen		
Musik zum Ausgang		

---

14 Auch auf www.v-r.de bei der Nennung des Titels zum Ausdruck.

Baustein 1: Psalm 103 (bearb.)

Lobe doch GOTT, meine Seele,
und was in mir ist, seinen heiligen Namen!
Lobe doch GOTT, meine Seele,
und vergiss nicht, was er dir Gutes getan hat.

Dass er Dir zuhört wie niemand sonst
und Dich erlöst, verwandelt und mit Lachen krönt –
mit einem anderen Gesicht – und schafft
Gerechtigkeit in Deinem Unrecht.

Der Dich liebt und gibt sich selbst,
der Dich aus dem Verderben zieht,
der Dir ohne Grund vergibt und Dich gesunden lässt,
der Dich beschenkt ohne Maß
und heilt alle Deine Gebrechen,
der dein Leben vom Verderben erlöst,
der dich krönt mit Gnade und Barmherzigkeit.

Der deinen Mund fröhlich macht
und du wieder jung wirst wie ein Adler.

Lobe doch GOTT, meine Seele,
und was in mir ist, seinen heiligen Namen!
Lobe doch GOTT, meine Seele,
und vergiss nicht, was er dir Gutes getan hat.

Baustein 2: Spielszenen

Die Konfis mit den Plakaten bekommen ihre Texte in Großdruck hinten auf die Plakate geklebt: So lässt sich der Memorier-Aufwand begrenzen.
Der „Mann" muss seine Rolle auswendig können; bei einigen Teilen könnten aber dick ausgedruckte Zettel Erinnerungshilfe leisten, z. B. kann ein Zettel auf dem Tisch bei den Überweisungen liegen oder auf dem Tablett im Himmel.
Der Mann trägt möglichst ein Headset: Der linke Teil des Altarraums ist Ort der Jetztzeit, der rechte Teil – mit Warenbüffets und Kasse – stellt den Traum-Ort dar. Das Warenbüffet ist während der ersten Szene mit Tüchern bedeckt.

Szene 1

Mann allein; geht links auf und ab.

MANN: Ja, ich habe einen festen Arbeitsplatz jetzt, klasse. Und er wird auch toll bezahlt, echt gut. Eigentlich könnte ich ja zufrieden sein … Aber wenn ich mir die Werbeangebote anschaue, dann merke ich, dass es mir doch nicht so gut geht. Mit dem Mickerkram um mich herum kann ich nicht wirklich glücklich sein.

Die sechs Plakate betreten die Bühne und stellen sich im Halbkreis im Altar-raum auf: Sichtbare Fläche zur Gemeinde hin: Gesprochen wird vom Pult her.

PLAKATE IM CHOR *(am Lesepult)*: Haste was, dann biste was! Denk mal an die Leute. / Wer nichts vorzuzeigen hat, gilt doch gar nichts heute! / Schau uns an! / Wir haben etwas zu bieten!

Plakate stellen sich auf; treten einzeln vor, um zu sprechen.

AUTO: Mann, deine Karre ist schon zwei Jahre alt. Technisch veraltet. Die Farbe und diese Reifen und Felgen sind auch nicht mehr in! Und 500 PS sollten es doch wenigstens sein!
MANN: Du bist echt klasse: Und mit deinen 400 km / h Spitzengeschwindigkeit könnte ich alle alt aussehen lassen. Aber ob ich dich bezahlen kann???
AUTO: Du bist doch nicht blöd! Geiz ist geil!

Alle wiederholen das zweimal.

HAUS: Dein Haus – passt das denn überhaupt noch zu dir? Du hast ja nicht mal ne Sauna, keinen Swimming-Pool, keinen Fitnessraum. Und keinen Park hinterm Haus. Wie sieht das aus vor deinen Freunden?

MÖBEL: Deine Einrichtung gehört doch längst auf den Sperrmüll, Mann! Die Sofagarnitur ist schon fünf Jahre alt. Und die Küche sogar schon zehn Jahre. Und dann diese Schrankwand und diese Lampen! Völlig out! Auch die Gardinen – total altmodisch! Plissées hat man heute!

FERNSEHER: Deinen Fernseher kannst du auch vergessen. Mit dem Ding kannst du doch nicht mehr mit Freunden Sportschau gucken. Das ist peinlich mit so einem kleinen Bildschirm und der veralteten Technik. Surrounding Sound hat doch allmählich jeder!

URLAUBSSTRAND: Wenn die anderen hören, dass du im Urlaub nur einfach im Harz wandern gehst, dann lachen die sich schief. Mindestens Tahiti muss es schon sein! Wie willst du denn mitreden in Gesellschaft, wenn du nicht jedes Jahr eine Fernreise machst?

KLAMOTTENSTÄNDER: Und deine Klamotten, völlig unmodern und „no name". Damit machst du dich doch lächerlich. Mindestens *NN* wäre dran …

MANN: Eigentlich habt ihr recht. Wenn ich jetzt mal alles wegstreiche, wo ich für andere Leute und Sachen Geld ausgebe, dann kriege ich eine ganz schöne Summe zusammen.

Er geht zu dem Tisch, wo er seine Finanzunterlagen hat: Die folgenden Texte sind dort groß ausgedruckt

MANN: Das Patenkind in Honduras, ja, das kostet mich 20 Euro im Monat, der Arbeiter-Samariterbund noch mal 10 Euro, dann der Förderverein vom Kindergarten und von der Schule … Von all dem habe ich doch persönlich gar nichts. Ach ja, dann ist da ja auch noch mein Dauerauftrag für den Tierschutz und für die Aufforstung der Regenwälder. Na, das nutzt mir selber doch auch nichts. Also weg damit! Was kann ich noch sparen?

Geht nachdenkend auf und ab.

MANN: Genau: die Kirchensteuern! Warum gebe ich überhaupt Geld für die Kirche aus? Da gehe ich doch sooo selten hin. Und die geben mein Geld dann für Behinderte oder so ähnliche Sachen aus. Davon habe ich doch auch nichts. Aus der Kirche austreten, so spare ich noch mal ne Menge Euros im Jahr!

Der Mann geht noch mal nachdenkend durch den Raum und klatscht dann, wenn der Entschluss gefasst ist, in die Hände.

MANN: Ja, jetzt wird das unnütze Geldausgeben endlich abgeschafft!!! Und dann *(wendet sich den Plakaten zu)* führt ihr mich alle zu neuem Glück!
CHOR DER PLAKATE *(Plakate schwenkend)*: Du bist wirklich nicht blöd! Geiz ist geil! / Haste was, dann biste was! Denk mal an die Leute. / Wer nichts vorzuzeigen hat, gilt doch gar nichts heute! / Geiz ist geil! Du bist doch nicht blöd! (zweimal)

Der Mann geht zurück zum Tisch und reißt lauter große Überweisungs-Zettel entzwei, will sie erst gleich in den Papierkorb werfen, zögert dann aber und lässt sie noch auf dem Tisch liegen.
Alle Schilder kommen näher und stellen sich hinter ihn. Sie wiegen sich rhythmisch hin und her und sprechen im Takt.

CHOR DER SCHILDER: Jetzt ist dein Geld nur für dich investiert / und du siehst, in welch ein Paradies dich das führt. / Das erkennt ein jeder mit dem ersten Blick: / Wo wir dich begleiten, wohnt das wahre Glück!
MANN: Ja, ihr habt wohl recht. Endlich bin ich schlau geworden. Na, jetzt werde ich erst mal schlafen gehen …

Der Mann verschwindet links, die Schilder folgen ihm ein Stück, stellen sich dann links auf.

Szene 2

Links geht das Licht aus, Spot rechts (rot-gelb flirrendes Licht) geht an.

SPRECHER/IN: Unser Mann, der meinte, klug geworden zu sein, hatte in der Nacht einen Traum. Und diesen Traum sehen wir uns jetzt an.

Aus der rechten Tür treten zwei Engel und gehen an das vorbereitete Büffet und an die Kasse. Der Mann tritt in weißem Gewand auf, auf der Schulter einen großen Sack mit Goldmünzen. Er blickt sich verwundert mehrmals um.

MANN: Wo bin ich hier? Das scheint wohl der Himmel zu sein! Donnerwetter, was es da für schöne Angebote gibt!!! Da werde ich gleich zuschlagen! Geld genug habe ich ja zum Glück dabei. In meinem Testament hatte ich verfügt, dass man mir alles Geld mit in den Sarg legen sollte. Und seht *(holt Sack hervor, zeigt Goldmünzen hoch, wirft angeberisch einige in die Luft)*: Das ist auch geschehen. Jetzt habe ich jede Menge Geld dabei zum Einkaufen!

Mann geht auf das Büffet zu und fragt die Engel, was die Sachen kosten. Die Engel bedeuten ihm: jeweils einen Euro.

MANN: Mensch, ist das billig hier, richtige Schnäppchenpreise: Nur ein Euro das Stück. Da kann ich mir mein Tablett ja richtig volladen!

Füllt sein Tablett, geht dann zur Kasse: Dort werden die Waren notiert; der Preis wird berechnet.

ENGEL: Alles zusammen wären das jetzt 28 Euro!
MANN: Wenn es weiter nichts ist; ich habe jede Menge Geld dabei!

Holt die Goldmünzen deutlich sichtbar aus dem Sack, legt sie hin.

ENGEL: Verzeihung, aber mit diesem Geld können Sie hier nicht bezahlen.
MANN: Wieso? Das sind doch echte Goldmünzen!
ENGEL: Die gelten hier trotzdem nicht, mein Wertester.
MANN: Wieso nicht? Echtes Gold gilt doch überall!
ENGEL: Wussten Sie denn nicht, dass im Himmel nur die Münzen gelten, die man anderen geschenkt hat? Hier zählt nur die Liebe und sonst nichts!

Mann zuckt sichtbar zusammen: Figuren frieren ein. Spot rechts aus

Baustein 3: Ansprache

Wir wissen nicht, wie es mit dem Mann nach seinem Traum weiterging … Lassen wir es einfach offen und schauen noch mal auf den Bibeltext von vorhin. Nach Matthäus erzählte Jesus auf die Frage nach dem Weltgericht eine Geschichte.

Die Erzählung vergleicht Gott mit einem Gutsbesitzer, der seinen Arbeitern verschieden große Gaben anvertraut und sie für die Zeit seiner Abwesenheit damit selbstständig wirtschaften lässt. Dann kehrt er zurück und ruft seine Arbeiter zusammen: Sie sollen Rechenschaft darüber ablegen, was sie mit den anvertrauten Gaben gemacht haben.

Diejenigen, die erfolgreich damit gewirtschaftet haben, lobt er und vertraut ihnen weitere Gaben an. „Du hast mit wenigem gut gewirtschaftet, ich will dir viel übertragen!", heißt es zweimal. Der Arbeiter, der die anvertrauten Gaben vergrub, also ungenutzt ließ, wird getadelt; ihm wird alles weggenommen.

Auf den ersten Blick sieht die Geschichte wie ein Loblied auf cleveres Wirtschaften aus. „Hol aus dem, was du hast, raus, was nur irgend möglich ist!"

Mach was aus deinen Talenten! Jeder hat etwas anderes mitgekriegt bei der Geburt. Und jeder macht nun „sein Ding", er nutzt das je unterschiedliche Potenzial, das ihm oder ihr zur Verfügung steht.

Auf den ersten Blick könnte man nach dem Lesen der Matthäusgeschichte denken: Der Mann aus unserer kleinen Szene war doch okay: Er will sein Geld gut nutzen. Er hat schließlich dafür auch hart gearbeitet. Jeder ist seines Glückes Schmied!, heißt es doch. Was kann daran falsch sein, wenn er sein Geld allein für sich ausgeben will und darin sein Glück sucht?

Frage 1: Ist wirklich jeder seines Glückes Schmied? Sind nicht die meisten Faktoren, die meine Leistungen und den wirtschaftlichen Erfolg beeinflussen, Gaben bzw. eventuell Zumutungen? Begabungen, Gesundheit, Aussehen, Rasse, Klima, Nation, Geschlecht, mein Elternhaus mit seinen sozialen Netzen, die Bildungsmöglichkeiten, die wirtschaftliche Lage der Zeit, in die ich hineingeboren bin, all das habe ich mir nicht ausgesucht. Es wurde mir mitgegeben. Ich stehe auf den Schultern unzählig vieler Mit- oder Vormenschen, denen ich etwas verdanke. Nur dadurch, dass sie etwas für mich taten, konnte und kann ich mein eigenes Potenzial entfalten.

Damit sind wir schon bei „Denkfehler 2" und der Frage: Wenn ich nur durch und mit anderen mein Potenzial entfalten konnte und kann, kann ich dann nur auf mich selbst bezogen überhaupt glücklich sein? Besteht Glück nicht vor allem aus liebevollen Beziehungen zu anderen Menschen? Unsere tiefste Sehnsucht von klein auf ist doch, dass uns andere als wertvoll ansehen, uns akzeptieren und lieben. Im wechselseitigen Geben und Nehmen begegnen wir uns und entwickeln uns weiter.

Sprechende(r) dreht sich ein- bis zweimal stumm um sich selbst.

Wer anderen nichts gibt, ist wie mit einem Fuß festgenagelt am Fußboden. Er kreist nur noch um sich selbst, schneidet sich von erfüllenden Begegnungen mit anderen ab. Er verfehlt das Miteinander, die Akzeptanz und Wertschätzung, die daraus erwächst.

Im Spiel erfuhr der Mann, dass im Himmel nur das verschenkte Geld zählt. Das ist die Währung der Liebe. Könnte es nicht sein, dass das, was im Spiel nur für den Himmel gilt, vielleicht auch für das Glück auf der Erde gilt? Ist vielleicht auch heute und hier die eigentlich geltende Währung die Liebe? (Und der Friede Gottes …)

12 Macht und Recht

1 Könige 21,1–29 bzw. 2 Könige 9 in Auszügen

Vorbereitende Schritte

1. Wahlthema der Hauptkonfirmanden für ein zweitägiges Seminar war „Macht und Recht". Mit jüngeren Konfis wurde das Thema in einem zweitägigen Ferienprojekt erschlossen.

2. Im ersten Schritt erkundeten die Konfis, wie BilderbuchautorInnen dieses Thema für Kinder anschaulich machen und was sie ihnen zu Macht und Recht mit auf den Weg geben.

3. Ihre eigenen Erfahrungen mit Macht aktualisierten sie mittels Paarübungen, bei denen die Täter- und Opferrolle jeweils nach 3 bis 5 Minuten wechselten: Bei der ersten Übung durfte der eine den anderen kräftig runterdrücken bzw. bedrücken bis zum Rollenwechsel. Bei der zweiten Übung war man die Marionette des Partners: Man musste mit der Nase dem Zeigefinger des Partners folgen, wohin der/die einen auch führte, d. h. gegebenenfalls auch unter und über Tische.

4. Die Erfahrungen mit Macht und Ohnmacht wurden anschließend kommuniziert: Es bildeten sich Gruppen, die zu einzelnen Aspekten selbst etwas gestalteten: Rollenszenen, Comics, Raps usw.

5. Die Geschichte von Nabots Weinberg, ein exemplarisches Lehrstück über Machtmissbrauch und Willkür, wurde erarbeitet. Das Theaterstück dazu entstand aus Ideen von KonfirmandInnen zu einer szenischen Gestaltung.

Beispiele für Bilderbücher mit der gesuchten Thematik

Fuchshuber, Annegert, Lotte ist lieb, Wien/München 1998.
Heidelbach, Nikolaus, Königin Gisela, Weinheim, Basel 2006.
Kasza, Keiko, Ratte und Tiger, München 1994.
Ramos, Mario, Ich bin der Stärkste im ganzen Land, Frankfurt / M 2003.

Fragen an die Kinderbücher

1. Welche Figuren mit unterschiedlicher Macht kommen vor?
2. Woran kann man sehen / merken, dass die Figuren unterschiedlich viel Macht haben?
3. Wofür setzen die Mächtigen ihre Macht ein?
4. Wie verhalten sich die Machtlosen gegenüber den Mächtigen?
5. Wodurch bringt ein Machtloser den oder die Mächtigen durcheinander?
6. Wie endet die Geschichte?
7. Welchen Rat gibt das Bilderbuch den Kindern mit auf den Weg?

Ausstattung des Kirchenraums

Mittels alter Gardinen auf dem Fußboden, ein paar Bänken, Stühlen, Tischen und großen Tüchern wird der Altarraum möbliert: Es gibt links ein angedeutetes Stadttor mit Raum davor für die Steinigung (als „Steine" dienen graue und braune Sockenknäule), in der Mitte den Ort, wo sich das Volk aufhält, weiter rechts hinten den Palast mit erhöhtem Schlafplatz für Ahab. Ganz rechts den Weinberg Nabots (grüne Tücher auf dem Fußboden, an der Wand ist Weinlaub befestigt); die Oberen der Stadt versammelten sich auf der Empore. Die Beleuchtung der Kirche war während des Spiels ausgeschaltet: Der Lichtstrahl auf die jeweils Spielenden kam von einer sehr leistungsstarken Taschenlampe. Ein Theaterstrahler wäre sicher noch effektiver gewesen.

Falls Ergebnisse der Vorarbeiten eingespielt werden sollen, Beamer und Laptop.

Ablauf

Element	Beispiel	Baustein
Musik zum Eingang		
Begrüßung		
Eingangslied	EG 266,1–5	
Einleitung		Baustein 1
Meine Hoffnung und meine Freude / Kyrie / Gloria		
Kollektengebet		
Psalm		
Lesung	1 Kön 21,1–19.27 –29	
Bibeltheater im Altarraum		Baustein 2[15]
Bündelnder Schluss		Baustein 3
Lied	Glaubenslied (S. 10)	
Abkündigungen		
Lied		
Fürbitten, Vaterunser		
Segenslied		
Segen		
Musik zum Ausgang		

---

15 Auch auf www.v-r.de bei der Nennung des Titels zum Ausdruck.

Baustein 1: Einführung

„Wer Macht hat, hat recht?" Ist das so? Wir haben festgestellt: So wollen wir es nicht haben. So kommen die wenigsten zu ihrem Recht. Die Schwächeren bleiben auf der Strecke.

„Wer Macht hat, hat recht" – wir haben uns gefragt, ob das nicht der Anfang ist; ein Kleinkind etwa, das noch nicht gelernt hat, soziale Beziehungen zu respektieren, mag so denken: „Was in meiner Reichweite ist, das nehm ich mir." Und dann kommt die Erziehung. Wir haben nachgeschaut, was Bilderbücher dazu beitragen – zur Erziehung des Kindes in Sachen Macht und Recht Wir haben festgestellt: Da sind viele gute Impulse zu finden. – Das gilt aber auch und vor allem für die Bibel. Da gibt es gute und schlechte Könige, welche, die ihre Macht gebrauchen, und welche, die ihre Macht missbrauchen. Einen davon, Ahab, und sein Frau Isebel, präsentieren wir heute.

Baustein 2: Bibeltheater Nabots Weinberg

Rollen

Für jede Rolle einen Sprecher und einen Spieler (Pantomime); die Sprecher am Pult, die Spieler auf dem jeweiligen Schauplatz:

- Nabot, Ahab, Isebel
- Magd
- Rat: Vorsitzender, Mann 1, Mann 2
- Lügner 1, Lügner 2 (Volk)
- Frau 1, Frau 2, Elia

Szenenwechsel geschehen durch Verschiebung des Lichtstrahls. Wenn der Lichtstrahl woanders ist, frieren die Spieler ein.

Szene 1: Ahab bei Nabot

Lichtstrahl auf den „Weinberg", wo Nabot mit einer Hacke arbeitet. Ahab kommt dazu.

AHAB: Hallo, Nabot!

NABOT *(verbeugt sich tief)*: Eure Majestät Ahab! Was führt euch zu mir?

AHAB: Nichts Besonderes … Gib mir nur deinen Weinberg! Ich werde dir einen besseren Weinberg dafür geben oder Geld, ganz wie du willst!

NABOT *(schüttelt mehrmals den Kopf und macht abwehrende Handbewegungen während seines Sprechens)*: Meinen Weinberg soll ich dir geben? Nein, auf keinen Fall! Den habe ich doch von meinen Eltern geerbt. Das ist unser Familienbesitz seit Generationen!

AHAB *(legt die Hände bittend zusammen)*: Bitte! Dein Weinberg liegt so schön dicht an meinem Palast! Ich will mir einen Kohlgarten daraus machen!

NABOT: Nein!!! Das ist das Land, das Gott unserer Familie gegeben hat. Das kann und darf ich nicht weggeben. Majestät, ihr kennt doch wohl unsere jüdischen Gesetze!

AHAB: Hab dich nicht so, Nabot. Deine Familie würde doch einen anderen Weinberg dafür kriegen. Oder Geld. Sei nicht so stur!

NABOT: Für mich gilt das Gesetz Gottes, Majestät. Deshalb: Nein!!! Das ist mein letztes Wort dazu! Tut mir leid, Majestät!

AHAB: Na, schön! Wie du willst! Aber vergiss nicht: Ich bin der König!

NABOT: Majestät, ihr könnt mir trotzdem nicht mein Land wegnehmen: Das ist gegen das Gesetz Gottes!

Licht wandert ab. Nabot setzt sich auf seinen Weinberg, Ahab geht in den Palast und legt sich aufs Bett.

Szene 2: Ahab im Palast

Palast mit Vorhängen andeuten. Ahab liegt abgewendet auf einem Bett, das Licht richtet sich auf das Schlafzimmer. Isebel kommt mit Tablett mit Töpfen dazu, stellt es ab.

Ahab, was ist los mit dir? Bist du krank? Du scheinst ganz fertig zu sein?

AHAB *(wendet sich unwillig zu ihr, spricht mit Pausen, dreht sich zwischendurch immer zur Wand)*: Ach, Isebel, ich möchte unbedingt diesen Weinberg von Nabot haben. Der liegt doch hier gleich neben unserem Palast. Ich will daraus einen Kohlgarten machen. Als ich heute mit ihm darüber sprach, sagte Nabot. NEIN!

ISEBEL: Deswegen musst du doch nicht bedrückt sein. Lass ihm einfach Zeit. Nabot wird sich das noch überlegen. Möchtest du nicht etwas essen? Das Essen ist fertig.

AHAB: Nein. Mir ist heute nicht nach Essen. Der Nabot ist stur. NEIN, das ist sein letztes Wort, hat er gesagt. *(dreht sich wieder zur Wand um.)*

ISEBEL *(stemmt die Hände in die Hüften, gestikuliert)*: Nun stell dich nicht so an! Du bist schließlich König von Israel. Nabot ist bloß ein Bauer! Steh auf und hol dir diesen Weinberg!

AHAB *(dreht sich noch mal um zu Isebel)*: Das geht hier nicht so einfach bei unsren Gesetzen! Lass mich jetzt in Ruhe und geh! *(dreht sich wieder zur Wand)*

Licht geht weg, Isebel geht in den „Nebenraum", wo sie auf die Magd trifft.

Szene 3: Isebel mit Magd

Licht auf neuen Raum gerichtet: Magd putzt, während Isebel sich fein macht, d. h. frisiert, Schminke auflegt usw.; Isebel spricht mit Pausen, wendet sich immer mal der Magd zu, dazwischen schaut sie in den Spiegel.

ISEBEL: Magd, hast du meinen Mann, den König, gesehen? Er ist krank vor Enttäuschung. Er schweigt, isst nichts; liegt nur noch im Bett und lässt auch seine Pflichten ruhen. Ich kann es gar nicht mehr mit ansehen.

MAGD *(hält inne beim Sprechen, wischt nach jedem Satz erst mal weiter)*: Ja, Majestät. Mir tut es auch weh, es zu sehen. *(wischt)* Der König war immer so stark. *(wischt)* Und er hat so viel für sein Volk gearbeitet! *(wischt)*

ISEBEL: Mein Mann ist momentan zu elend, um selbst etwas zu unternehmen. Ich überlege gerade, ob ich etwas machen könnte … Was meinst du?

MAGD: Wenn Ihr so eurem Gatten helfen könnt … *(putzt)*

ISEBEL: Ich habe schon eine Idee! Ich könnte einen Brief an die Oberen der Stadt schreiben. Die finden bestimmt Leute, die bezeugen, dass Nabot Gott und den König gelästert hat. So könnte man Nabot gut loswerden. Und von dem Brief braucht Ahab nichts zu erfahren. Ich unterschreibe einfach mit seinem Namen. Das merkt doch keiner. Und du hältst ja wohl den Mund, oder?

MAGD: Aber gewiss doch, Majestät! *(wischt und putzt)* Aber seid Ihr sicher, dass Euer Plan Erfolg hat? Als Königstochter aus Tyrus seid Ihr bestimmt sehr klug. Aber kennt Ihr Euch als Ausländerin gut genug aus mit den Gesetzen und Leuten? Nabot ist ein frommer Mann. Das weiß jeder in der Stadt. Warum sollte gerade er Gott gelästert haben? *(putzt weiter)*

ISEBEL *(ärgerlich)*: Sei still. Du bist nur eine Magd! Du hast keine Ahnung, wie Könige handeln müssen. Könige müssen sich durchsetzen. Denen lehnt man kein Kaufangebot ab. Was nimmt sich dieser Nabot raus? Wer die Macht hat, sitzt am längeren Hebel. Ich mache jetzt das, was ich für richtig halte. Punkt! *(drohend zur Magd gewendet)* Und du hältst den Mund, klar?

Die Magd nickt stumm. Das Licht geht aus. Magd ab, während Isebel ins Zimmer geht, wo der König auf dem Bett liegt.

Schreibrolle liegt auf dem Tischchen neben dem Bett. Isebel schleicht hin, nimmt Rolle, Stift, Siegelring (oder Stempel), geht nach nebenan und schreibt imaginär. Stempelt das Geschriebene ab, rollt es zusammen, bindet ein Band darum und klingelt.

Ein Diener erscheint, verbeugt sich. Er bekommt die Rolle, trägt sie zu den Oberen und Ältesten, die oben auf der Empore beim Treppenaufgang zur Kanzel sitzen bzw. stehen. Das Licht scheint nun auf sie.

Szene 4: Versammlung der Oberen der Stadt

VORSITZENDER *(entrollt das Papier)*: Ihr Oberen der Stadt, ich begrüße euch zu unserer Stadtversammlung. Wir haben einen Brief von König Ahab bekommen. Darin steht, dass wir zwei Männer finden sollen, die bezeugen, dass Nabot Gott und den König gelästert hat. Und dann soll ein öffentliches Gerichtsverfahren stattfinden. Na, und wie so etwas endet, wisst ihr ja.

MANN 1: Auf Gotteslästerung steht Steinigung. Nabot wird sofort getötet. Mir kommt das merkwürdig vor. *(Pause)* Nabot ist ein ganz frommer Mann: Der soll Gott gelästert haben?

MANN 2: Ich finde den Brief auch seltsam. Warum soll Nabot beschuldigt und getötet werden? König Ahab war doch immer in Ordnung. Und jetzt so ein Brief? Aber der König hat die Macht. Da müssen wir wohl tun, was er angeordnet hat …

Längere Pause, bei der die Anwesenden sich ratlos anschauen und die Köpfe hin- und herwenden.

MANN 2: Also brauchen wir zwei Männer, die gut lügen können.

VORSITZENDER: Für ein paar Silberstücke werden sich solche Männer finden lassen. Wir müssen aber auch eine große Versammlung organisieren: Ein Fasten sollen wir ausrufen. So steht es im Brief. Als wenn dem Volk Gefahr droht und wir Gott gnädig stimmen wollten. Beim öffentlichen Fasten sind stets viele Leute da. Die brauchen wir für diese Sache: Schließlich soll Nabot vom Volk gesteinigt werden. Bringt auf jeden Fall eure Nachbarn mit zum Fasten.

MANN 1: Das könnt ihr allein organisieren; ich will damit nichts zu tun haben.

MANN 2 (*wendet sich Mann 1 zu und fuchtelt mit den Händen*): Jetzt mach keinen Quatsch! Willst du dich mit dem König anlegen? Der hat die Macht, nicht du! Vergiss das nicht! Ahab wird schon wissen, was er tut. Wir führen nur die Befehle aus. Die Verantwortung für die Befehle liegt beim König.

MANN 1: Aber wenn das alles gar nicht stimmt!?

VORSITZENDER (*ärgerlich und herrisch*): Halt jetzt die Klappe! Es wird gemacht, was der König befiehlt. Basta!

Der Vorsitzende gibt Mann 2 ein paar Silberstücke. Mann 2 nimmt das Geld und geht die Treppe runter, während der Vorsitzende weiterredet.

VORSITZENDER: Ich rufe jetzt sofort ein öffentliches Fasten aus. Und Nabot soll auf jeden Fall dabei sein und in der ersten Reihe sitzen.

Klingel wird geläutet: Der Vorsitzende tut, als ob er laut in die Kirche hinein das Fasten ankündigt; hält die Hände wie ein Megafon vor den Mund. Der Lichtstrahl wandert nach unten.
Mann 2 ist jetzt unten beim Volk. Er winkt sich zwei Personen zur Seite, steckt mit ihnen tuschelnd die Köpfe zusammen. Die beiden nicken schließlich und bekommen die Silberstücke überreicht, die sie gleich einstecken. Das Licht ist mit Mann 2 nach unten gewandert zum Volk und wandert mit Mann 2 zum Gespräch mit den Lügnern.
Die anderen Oberen verlassen während der Szene unten den oberen Schauplatz und stoßen unten zum Volk, das sich langsam nach vorn auf die Bänke zum öffentlichen Fasten versammelt.
Das Licht geht nun zu Nabot: Nabot wird abgeholt, er nimmt mit den Oberen und dem Volk auf zwei Bänken vor dem Altar Platz. Man redet eine Weile, synchrone Gebetsbewegungen werden gemacht. Dann treten die beiden bezahlten Lügner nach vorn. Licht auf sie.

Szene 5

LÜGNER 1 *(zeigt auf Nabot)*: Der da hat Gott gelästert. Und er hat den König gelästert.

Nabot zuckt zusammen. Alle starren ihn an.

LÜGNER 2: Ja, ich habe das auch deutlich gehört. Nabot hat Gott gelästert!

Es entsteht Unruhe unter den Leuten. Sie flüstern miteinander.

VORSITZENDER: Gotteslästerung, darauf steht bei uns die Todesstrafe durch Steinigung, das wisst ihr. *(wendet sich den beiden Lügnern zu)* Seid ihr euch sicher, dass ihr seine Lästerung mit eigenen Ohren gehört habt?
LÜGNER *(nicken; im Chor)*: Ja, das haben wir mit eigenen Ohren gehört.

Der Vorsitzende holt sich Nabot vom Sitz und zieht ihn ganz nach vorn.

VORSITZENDER: Nabot, was sagst du zu der Anklage?
NABOT *(gestikulierend)*: Was werft ihr mir da vor? Niemals habe ich Gott oder den König gelästert! Ihr beschuldigt mich doch nur, weil der König meinen Weinberg haben will.
VORSITZENDER: Jetzt fang nicht so an! Der König hat damit nichts zu tun. Erst Gott lästern und dann noch den König beschuldigen. Das ist ja die Höhe! Führt ihn ab und steinigt ihn sofort!

Zwei Männer packen Nabot und schleppen ihn vor das Tor. Ein Teil der Menge geht mit und steinigt ihn (Socken-Bälle), bis er leblos am Boden liegt. Das Licht wandert mit Nabot und bleibt auf ihn gerichtet, bis sich die Menge verlaufen hat einschließlich des Vorsitzenden, der eine Briefrolle schreibt und an einen Diener übergibt.
Ein paar Frauen und Mann 1 haben sich zur Seite weggedrückt. Das Licht geht nun zu ihnen hin.

Szene 6

FRAU 1: Der arme Kerl. Ich glaube nicht, dass Nabot Gott gelästert hat. Er war immer gottesfürchtig und gerecht.

FRAU 2 *(nickt bestätigend)*: Ich kann mir das auch nicht vorstellen. *(wendet sich fragend an Mann1)* Hast du eine Ahnung, wie es zu dieser Anklage kam?

MANN 1: Das kann Nabot auch nichts mehr nützen, wenn ich mir den Mund verbrenne. Nee! Ich sage dazu nichts!

Geht ab

FRAU 1: Das Unrecht, was man Nabot tat, schreit zum Himmel! Ob Gott dazu schweigt?

FRAU 2: Genau das frage ich mich auch!

Die Frauen bleiben an ihrem Ort stehen, die Blickrichtung zu Nabots Weinberg.

Szene 7

Das Licht wandert zum Palast, wo Isebel vom Diener eine Rolle überreicht bekommt, kurz drauf schaut und dann zu Ahab eilt, der immer noch auf dem Bett mit dem Gesicht zur Wand liegt.

ISEBEL: Ahab! Ich habe gute Nachrichten: Nabot ist tot. Jetzt geh und nimm den Weinberg in Besitz!

Isebel geht wieder. Der König ist allein. Schwerfällig steht er vom Lager auf, setzt sich dann erst mal wieder. Er spricht langsam und mit Pausen dazwischen.

AHAB: Wie das wohl kommt? Aber egal! Ist doch gut so. Jetzt kann ich meinen Kohlgarten gleich neben dem Palast anlegen. Na, ich werde mal schauen, wie ich das am besten mache.

Ahab geht zum Weinberg des Nabot und schaut sich da um. Plötzlich geht das Licht ganz aus. Man hört eine tiefe Klangschale, deren Klänge ganz langsam verhallen (Mikro dran halten); einige Sekunden Stille nach Verstummen.
Das Licht geht wieder an und fokussiert zunächst die beiden Frauen, die beide in Richtung von Nabots Weinberg schauen.

130

Szene 8

FRAU 1 *(zu Frau 2 gewendet)*: Guck mal, König Ahab geht in Nabots Weinberg herum. Was hat der denn da zu suchen?

Von hinten her kommt sehr langsam eine Gestalt auf Ahab zu geschritten.

FRAU 2: Ja, das wundert mich auch. Aber von da hinten kommt noch jemand. *(legt die Hände an die Augen)* Und der geht genau auf den König zu. Wer das wohl ist?

FRAU 1: Der sieht so aus wie … *(schaut angestrengt zur Gestalt, fasst dann Frau 2 an die Schulter)* Ja, es ist der Prophet Elia! Elia hat schon oft Botschaften Gottes ausgerichtet.

Das Licht wandert zu Ahab und Elia. Ahab erschrickt, als ihm Elia gegenüber tritt.

ELIA: So spricht Jahwe, unser Gott, zu dir: Du hast gemordet und dazu fremdes Gut geraubt! An der Stelle, wo die Hunde das Blut Nabots geleckt haben, da sollen die Hunde auch dein Blut lecken!

Ahab fällt auf die Knie, hebt die Hände zum Himmel. Legt seine Krone und den königlichen Umhang ab und rutscht auf den Knien zum Palast, immer die Hände zwischendurch zum Himmel streckend. Beim Palast verharrt er in knieender Haltung auf dem Boden.
Elia ist zur Seite in den Schatten getreten. Licht aus. Man hört wieder die tiefe Klangschale, deren Klang sehr langsam im Dunkeln verhallt. Wieder ein paar Sekunden Stille. Ahab liegt auf den Knien im Palast.
Licht wieder an und richtet sich auf Elia, der zum Palast schreitet und sich vor den knienden Ahab stellt.

ELIA: So spricht Jahwe, unser Gott, zu dir: Weil du dich nun vor mir gedemütigt hast, will ich das Unheil nicht kommen lassen zu deinen Lebzeiten! Aber Hunde werden Isebels Leib fressen hier auf dem Acker Nabots, den ihr ermordet habt.

Das Licht geht ganz aus. Alle bleiben ca. 10 Sekunden noch eingefroren in ihrer Position. Dann setzen sich alle Spieler auf ihre Sitzplätze und das Licht geht an.

Baustein 3: Bündelnder Schluss

Die biblische Erzählung endet nur vorläufig mit der Buße König Ahabs. Die Königin Isebel findet den Tod durch einen Fenstersturz direkt auf den Acker, wo früher einmal Nabots Weinberg gewesen war. Warum erzählt die Bibel so grausame Geschichten?

Auch vor 2 700 Jahren gab es Gewaltherrscher und den Missbrauch der Macht. Und wie in Tunesien, Libyen, Ägypten oder Syrien flehten Menschen zu Gott, der Machtmissbrauch möge ein Ende haben und die Mächtigen sollten zur Rechenschaft gezogen werden. Wir erleben es von Zeit zu Zeit, dass Herrschende, die jahrzehntelang ihre Macht missbrauchen konnten, endlich vor Gericht gestellt werden. Viele Menschen loben dafür Gott, der die Befreiung von der Tyrannei bewirkt hat.

Jahrhunderte nach Nabots und Ahabs Tod schrieb man die Geschichte vom Streit um Nabots Weinberg auf – in einer Zeit, als die Israeliten wieder einmal von Gewaltherrschern ausgebeutet und unterdrückt wurden. Man wollte sich Mut machen mit der Geschichte: Gott sieht das Unrecht. Und Gott schreitet ein, auch wenn es vielleicht erst nach Jahrzehnten geschieht.

Die Hoffnung auf Befreiung von Unterdrückung und auf eine ausgleichende Gerechtigkeit lebte früher in den Herzen von Menschen, und sie tut es auch heute – wir erfahren es täglich aus den Gebieten, wo heute Menschen um Befreiung beten und kämpfen …

Gott steht auf der Seite des Rechts, auf der Seite der Ohnmächtigen, auf der Seite der Opfer. Der Glaube an Gott steht für die Hoffnung, dass am Ende nicht Kreuz und Tod stehen, sondern die Liebe und neues Leben. Und der Friede Gottes, welcher höher ist …

Zur Klärung und zur Diskussion

Die Gottesdienstentwürfe dieses Bandes weisen charakteristische Veränderungen liturgischer Standards auf: Das Apostolische Glaubens-
bekenntnis wird ersetzt, die trinitarischen Formeln sind umgestaltet
usw. Leser/innen, denen ein solcher Umgang mit Formen und Inhal-
ten der Tradition fragwürdig erscheint, bin ich Rechenschaft schuldig
für meine Gottesdienstpraxis und die dahinter stehende Konfirman-
denarbeit.

Meine grundsätzliche Kritik am Festhalten an traditioneller religiöser Sozialisation in Kirche und Schule verdankt sich den Einsichten,
die ich bezüglich der religiösen Entwicklung von Kindern und Jugendlichen durch meine in Rostock durchgeführte Langzeitstudie gewon-
nen habe.[16]

Über Jahrhunderte bestand die religiöse Erziehung unsrer Kirche
darin, dass man Kindern die Katechismusinhalte, Gesangbuchlieder
und biblische Geschichten bzw. Einzelsprüche nahe brachte und sie –
begründet damit, dass dies die geistliche Not-Ration für schwere Zeiten
sei – auswendig lernen ließ. Die Pflichtbesuche der Gottesdienste sollten eine Vertrautheit mit Liedgut und Liturgie schaffen und den Gottesdienst zu einer geistlichen Heimat werden lassen. Glauben wurde
durch Hineinwachsen in die Tradition weitergegeben. Die Frage, ob
religiöses Lernen so funktioniert, dass man den Glauben als eine Art

---

16 Zu den Ergebnissen der ‚Rostocker Langzeitstudie zu Gottesverständnis und Gottesbezie-
hung von Kindern, die in mehrheitlich konfessionslosem Kontext aufwachsen‘ liegen in-
zwischen vier Forschungsbände vor Szagun, Anna-Katharina, Dem Sprachlosen Sprache
verleihen, KET 1, Jena 2006.
Dieselbe/Fiedler, Michael, Religiöse Heimaten, KET 2, Jena 2008.
Dannenfeldt, Astra, Gotteskonzepte bei Kindern in schwierigen Lebenslagen, KET 3,
Jena 2009.
Fiedler, Michael, Strukturen und Freiräume religiöser Sozialisation, KET 4, Jena 2010.

Container weiterreichen kann, kam erst mit dem nicht mehr zu übersehenden Traditionsabbruch auf. Jetzt erst wurde intensiv über die religiöse Entwicklung im Lebenslauf nachgedacht. Wie „funktioniert" religiöses Lernen?

Stellen wir uns ein Elternhaus vor, in dem eine liebevolle Atmosphäre herrscht und die Eltern einen ihre Existenz tragenden Glauben leben. Sicherheit und Geborgenheit sind die Grundvoraussetzungen für das Lernen überhaupt. Unter diesen Bedingungen wird das Kind – noch ehe es denken und fragen kann – qua „Gefühlsansteckung" in die elterliche Glaubenshaltung mit hineingenommen. Mama und Papa fühlen sich von GOTT getragen und behütet. Das Kind spürt die Geborgenheit, die aus dieser Glaubenshaltung erwächst. Es verstärkt das Gefühl von Sicherheit für das Kind, wenn es da etwas „Größeres" gibt, das den Eltern Kraft gibt. Das Kind wächst so in die Gottesbeziehung der Eltern hinein. Die Gottesbeziehung des Kindes ist also das Primäre, sofern GOTT als „Gegenstand" des Fühlens, Denkens und Handelns in einer Familie präsent ist[17].

Die Übernahme der Glaubenshaltung der nächsten Bezugspersonen in frühem Alter funktioniert natürlich genauso bezüglich einer ambivalenten oder gar völlig negativen Gottesbeziehung der Eltern. Auch hier werden Kinder schon im frühen Alter emotional „geimpft", ohne dass Eltern und Kindern dies bewusst sein muss.

Die frühkindliche Prägung umfasst neben der Gottesbeziehung (emotional) auch das Gottesverständnis (kognitiv-rational). Kinder übernehmen aufgrund ihrer physischen und psychischen Abhängigkeit von ihren nächsten Bezugspersonen zunächst alles, was diese ihnen vermitteln, mag dies rational begründbar oder logisch abwegig und bizarr sein. Alles ist sozial vererbbar. D. h. auch, dass wir – je nach ihren häuslichen „Modellpersonen" – schon im Vorschul- und Grundschulalter mit einer Vielfalt an Gotteskonzepten zu rechnen haben.

---

17 Nur in den – auch im konfessionslosen Kontext – relativ seltenen Fällen, wo GOTT im familiären Miteinander gar nicht vorkommt, begegnen wir Kindern mit einer „neutralen" Einstellung zu Gott.

Religiöses Lernen und Biografie sind untrennbar miteinander verwoben. Je nach aktueller Lebenssituation gibt es unterschiedliche Akzentsetzungen in der Glaubenshaltung, wie jeder aus eigener Erfahrung weiß. Insofern ist der gesamte Lebensprozess ein Prozess religiösen Umlernens. Lehrbar sind dabei allerdings bestenfalls Glaubensinhalte, nicht aber der Glaube als Vertrauensakt. Letzterer – auf den es im Sinn eines orientierenden, nährenden und haltenden Gottvertrauens ankommt – ist unverfügbar. Für die traditionsgeleitete Gesellschaft früherer Zeiten galt: Die biblischen und dogmatischen Texte stießen auf breite gesellschaftliche Akzeptanz. Das Weltwissen Heranwachsender war gering. Das Weltbild der Bibel bzw. der christlichen Glaubenslehren war wesentlich identisch mit dem Weltbild der Rezipienten. Das Wahrheitsmonopol der Kirche galt unbestritten. Innerhalb dieser christlichen Leitkultur stimmten auch Relevanzfilter und Plausibilitäten wesentlich überein. Diese Kompatibilität erleichterte die Zustimmung der Rezipienten zu den vermittelten Glaubensinhalten.

Mit dem bis in die Kerngemeinden reichenden Traditionsabbruch sind diese Zeiten einer gesellschaftlich gestützten Zustimmung zu Traditionsinhalten vorbei. Nicht plötzlich, sondern eher schleichend hat sich die Traditionserosion vollzogen. Empirische Studien belegen dies[18]. Das heißt: Auch die Haltung der Eltern- und Großelterngeneration ist überwiegend von Distanz zu den als nicht mehr mit dem eigenen Welt- und Selbstverständnis kompatiblen „kirchlichen Vorstellungskosmos" geprägt, nur dass man sich nicht traute (und z. T. heute noch nicht traut), dies öffentlich kundzutun.

Heute reicht der Traditionsbruch bis in die Kerngemeinden hinein. Ein auf dem Dachboden gefundenes Bild mag gleichnishaft den Traditionsabbruch veranschaulichen. Das Bild hing vermutlich früher im Hausflur als eine Art Bekenntnis dessen, was die Hausbesitzer als Grundüberzeugung vertraten.

---

18 Vgl. Schwab, Ulrich, Familienreligiosität. Religiöse Traditionen im Prozess der Generationen, Stuttgart 1995.

Die oberste Schicht des Textil-Bildes ist gestickt. Das heißt – wenn man den Stoff als Symbol der Existenz sieht: Die Grundüberzeugung ist fest verknüpft mit der Existenz. Sie geht durch. Und sie lässt auch durch, – nämlich auf die nächste Schicht (also: Generation). Wenn man das Stickbild abnimmt, entdeckt man darunter ein Papier, auf dessen Oberfläche sich der obige Schriftzug blass, aber deutlich zeigt.

Hier ist die Aussage nur noch oberflächlich vorhanden, nicht mehr verwoben mit der Existenz: Glaube als eine Art verwaschener „kultureller Tapete", Spuren der Tradition, aber ohne erkennbare Tiefenwirkung. Die einst innerlich berührenden Symbole sind zu flachen Klischees mutiert. Vermutlich steht dies Bild für den Großteil unserer Gemeindemitglieder heute: Aus dem einst tragenden Leitbild ist eine „kulturelle Tapete" geworden, die irgendwo noch dazugehört, aber die auf der Tapete sichtbaren Bilder und Symbole sagen einem nichts mehr, was sich mit der eigenen Lebenswelt verbinden ließe.

Wenn es uns am Herzen liegt, dass die Heranwachsenden und ihre Familienangehörigen in unseren Familiengottesdiensten dem „Lebenswasser der Gottesnähe" begegnen (was immer eine Wirkung des Heiligen Geistes ist, also durch ein noch so durchdachtes Konzept und Arrangement nicht „machbar" ist), dann müssen wir größte Sorgfalt bezüglich der zum Transport verwendeten „Gefäße" walten lassen: Wir müssen schauen, wo die Stolpersteine des Verstehens liegen und an diesen Stellen „Übersetzungsarbeit" leisten.

Meine Langzeitstudie zur religiösen Entwicklung (Kinder von 6 bis 19 Jahren begleitend) machte viele Stolpersteine sichtbar. Die Reduzierung der Gottesbezeichnung auf die Vater-Metapher ist ein besonders gewichtiger Stolperstein, weil damit gleich viele andere Missverständnisse gekoppelt sind. Wird GOTT auf die Vater-Metapher enggeführt, wird die Metapher nicht mehr als Metapher, sondern als Seinsaussage verstanden: Damit wird das Bild eines jenseitigen Über-Vaters gesetzt mit der Folge weiterer Missverständnisse. Das auf den „Vater" reduzierte Bild lässt keinen Denk-Raum für abstraktere Gotteskonzepte im Sinn eines „Grund des Seins" oder einer „alles bewirkenden Wirklichkeit". Die traditionellen Formulierungen des Credo erzeugen bei fast allen Heranwachsenden (bei Erwachsenen vermutlich ebenso) naturalistische Bilder: Lässt man Heranwachsende zur trinitarischen Formel etwas malen, bekommt man haufenweise Männer mit Bart auf Wolken, Jesus am Kreuz und Gespenster zu sehen, weil das Wort „Geist" solche Bilder auslöst.

Die Bibel selbst schenkt uns eine Vielfalt von Gottesbildern (vgl. z. B. die Psalmen) und warnt uns eindrücklich vor einer Verdinglichung des Gottesnamens. Was hindert uns, auf den biblischen Reichtum an Metaphern zuzugreifen?

Ebenso fatal wie die Reduzierung des Gottesbildes auf die Vater-Metapher wirkt sich ein biblizistisches Bibelverständnis aus. Die Schere zwischen Universitäts- und Gemeindetheologie ist noch immer erschreckend weit offen. Wie sollen Gottesdienstbesucher in biblischen Texten ihre Lebenswirklichkeit wiederfinden, wenn sie im Unklaren gelassen werden, ob biblische Texte auf der Tatsachenebene oder auf einer anderen Ebene zu verstehen sind? Was können Wunder- oder Schöpfungsgeschichten für heutige LeserInnen existenziell austragen, wenn das Bibelverständnis nicht grundsätzlich geklärt wurde? Was würde es mir helfen, wenn der reale Petrus über reales Wasser hätte gehen können, ich aber in meinem Meer von Ängsten heute ersaufe?

Nur wenn ich biblische Texte symbolisch-überzeitlich lese und lesen lasse, kann sich der Mensch von heute mit den eigenen Grunderfahrungen darin wiederfinden und daraus Orientierung, Kraft und Hoffnung schöpfen. Ohne unsere Übersetzungsarbeit können Gottesdienstbesucher/innen kaum die Schätze unserer Tradition entdecken. Und ohne Beteiligungscharakter unserer Gottesdienste werden sie sich kaum im Sinn einer konstruktiven Auseinandersetzung mit diesen Schätzen „verhakeln". Nur wo jemand eine aktive Rolle einnimmt, eignet er / sie sich auch etwas für die eigene Existenz an.

Anwendungen

Die Unterrichts- und die damit verbundene Gottesdienstpraxis leiten entsprechend diesen Ausführungen folgende Einsichten und Ziele:

1. Mitgebrachte Vorstellungen würdigen, aber Vorstellungen, die zum Stolperstein werden, nicht verstärken; spätere Differenzierungen sind legitim, 180-Grad-Wenden aber unglaubwürdig.

2. ein mitwachsendes Gotteskonzept unterstützen durch den Umgang mit vielfältigen Metaphern (Psalmen!); offen sein für non-personale und abstrakte Gottesbilder

3. die Bilder der Tradition (d.h. ihre Dogmen, Bekenntnisse, Lieder, Gebete, bildliche Darstellungen) neu übersetzen, kompatibel zum heutigen Welt- und Selbstverständnis; einen reflektierten Umgang mit mythischen Bildern, wie Himmel, Hölle, Teufel, Engel anbahnen

4. mitwachsende Bilder, Lieder, Gebete pflegen; die Teens eigene Bilder finden lassen

5. Engführungen in der liturgischen Sprache vermeiden, d.h. die Vater-Metapher ergänzen

6. ein Bibelkonzept anbahnen, das die Wahrheit der Texte nicht auf der historischen Ebene sucht; das heißt: symbolkritische Fragen konstruktiv aufnehmen; bei der Erschließung biblischer Texte bei den Grunderfahrungen der Teens ansetzen

7. biblische Geschichten mit Erzählern (und historischem Kontext) einführen

8. den Beteiligungscharakter von Spiritualität pflegen (Teens als Akteure).

Gaby Deibert-Dam
Tage, Kurse und Projekte mit Kindern in der Kirche

KinderKirchenTag »Ein Fisch ist mehr als ein Fisch« oder Familiensonntag »Komm, wir suchen einen Schatz« oder Spielraum-Projekt »Feuer und Erde« … – das sind nur einige der Angebote, die sich mit diesem Band verwirklichen lassen.

»Familiensonntage« sind für Familien mit Kindern von 4-12 Jahren gedacht; das Konzept beinhaltet einen kindgerechten Familiengottesdienst mit viel Musik, Mittagessen passend zum Thema und Workshops.

»Kinderkirchentage« sind Thementage; gemeinsam mit den Kindern begeben sich die Gastgeber z.B. in die »Katakomben Roms«.

»Spielraum-Projekte« richten sich an Kinder von 5-6 und 7-12 Jahren. Hier bieten sechsmal zwei bis drei Stunden eine spannende Mischung aus Theorie und Praxis, bei denen mit Fachleuten vor Ort zusammengearbeitet wird oder Kurs an einem außergewöhnlichen Lernort wie ein Museum, ein Restaurant, ein Biobauernhof oder ein Theater stattfindet.

Martina Steinkühler
Bibelgeschichten sind Lebensgeschichten
Erzählen in Familie, Gemeinde und Schule

Äußerungen von Kindern zeigen: Biblische Geschichten haben ein doppeltes Glaubwürdigkeitsproblem. Wenn wir erzählen, als wüssten wir, was damals geschehen ist, und wenn wir erzählen, als hätten wir Gott auf Erden umhergehen sehen, stellen wir uns und Gott ins Abseits. Erzählen wir lieber, was Menschen über Gott gedacht und geahnt und erfahren haben – und setzen wir uns damit auseinander. Mag sein: Wir finden den Schatz im irdenen Gefäß (Paulus, 2 Kor), das, was uns existenziell angeht.

Martina Steinkühler stellt Regeln für glaubwürdiges und existenzielles Erzählen auf. Vor allem aber gibt sie Beispiele, wie es gemacht wird: für Kleine und für Grundschulkinder und für alle. Erzählwerkstätten bereiten die Geschichten so gut vor, dass es kinderleicht wird, selbst zu erzählen: lebendig, kräftig und offen.

Ingo Albert Molter / Antje Hill (Hg.)

Jugend macht Kirche

Zehn Jugendliche und ein Hauptamtlicher machen Gottesdienst? – Wie
das geht, zeigt ihr Werkbuch: Es bietet präzise Anleitungen zur Vorbereitung und Durchführung sowie 16 komplette Beispiele.

Der Band enthält gebrauchsfertige Gottesdienste zu den Festen des Kir-
chenjahres sowie zu Lebensthemen. Dazu gibt es einen praxiserprobten
Liturgie-Vorschlag. Die Gruppe möchte mit diesem Werkbuch aber mehr
bieten als gute Vorlagen. Es soll begeistern, anstecken zu eigener kreativer
Mitarbeit Jugendlicher im und für den Gottesdienst.

Julia Schmautz (Hg.)

Spielen statt predigen
Szenen für Jugendgottesdienste

Die über 25 Spielszenen dieses Praxisbandes, die Titel tragen wie »Ka-
laschnikov statt Schaukelpferd«, »Woher kommt meine Jeans?« oder »Das
Leben – eine Baustelle« verstehen sich als doppeltes Angebot: nachma-
chen oder anders machen! Die Sketches, die allesamt authentische Zeitan-
sagen der Jugendlichen sind, sind nachträglich mit deutenden Bibelstel-
len verbunden worden. Eine kurze Ansprache oder ein Votum runden das
Angebot ab und machen die Gottesdienste »rund«.

Christoph Hilsberg

Jugend in der Kirche
Konzepte für Gemeinden, Teamer, Mitarbeiter in der Jugendarbeit

Jugendliche haben Fragen – wer diese Fragen zum Thema macht, darf auf
lebhaftes Interesse und hohes Engagement hoffen.
Die lebhafte Teilnahme Jugendlicher an Kirchentagen oder Freizeiten in
Taizé belegt: Jugendliche haben sowohl ein großes Bedürfnis an guter Ge-
meinschaft als auch an spirituellem Erleben. Beides könnte die christliche
Gemeinde erfüllen – wenn sie offen genug, interessiert genug ist und sich
kreativ mit den Bedürfnissen ihrer Jugend auseinandersetzt.
Das Buch ist ein leidenschaftliches Plädoyer dafür, sich gegenseitig
diese Chancen nicht entgehen zu lassen. Es bietet ein Tableau relevanter
Themen von »Arbeitsplatz« über »Liebe« bis »Zeitgeist« und attraktiver
Formen in der Jugendarbeit. Konkrete Beispiele, Checklisten und Modelle
machen den Neuanfang leicht.

Teamer mit dreizehn?

V&R

Simone Merkel /
Thomas Koch (Hg.)

Teens für Kids

Ein Teamerkurs für 12- bis 15-Jährige

Im Auftrag des Amts für kirchliche Dienste
(AKD) in Berlin.
2012. 96 Seiten mit 54 Abb., kartoniert
ISBN 978-3-525-63032-7

Kleine lernen von Großen – das funktioniert nicht nur in der
Familie und im Sport. Konfis können Kindergruppen leiten und
begleiten. Das fördert sowohl die eigene Entwicklung als auch die
Motivation, sich zu engagieren.
Dieses Material ermöglicht es haupt- und ehrenamtlichen Erwachsenen in den Gemeinden, spezielle Fortbildungen für Teens
anzubieten. Ohne viel Vorbereitung und spielerisch leiten sie
Kursteilnehmer dazu an, mit Kindern zu spielen, zu beten, Bibel-
geschichten zu erzählen und Musik zu machen. Dabei geht es nicht
darum, dass jeder alles können muss. Es gilt, eigene Stärken und
entdecken und einzubringen. Teamarbeit ist angesagt – zwischen
jung und alt und bei den Jüngeren untereinander.

Vandenhoeck & Ruprecht

Konfirmation

kreuzundquer mit KonfiKids
Ein Vorkonfirmandenkurs für
8- bis 10-Jährige

Von Hartmut Ahrens und Ulrike Henckel.
2009. 95 Seiten mit zahlreichen Abb. und
Kopiervorlagen, DIN A4, kartoniert
ISBN 978-3-525-58005-9

Heinz-Günter Beutler-Lotz
**Konfirmandenzeit
und Konfirmation**
Ein Werkbuch für Leitende

2011. 176 Seiten mit 2 Abb., DIN A4,
kartoniert
ISBN 978-3-525-63011-2

Diese Mappe ist das Geschenk des
Praktikers an alle, die ein Unbe-
hagen an fertigen KU-Modellen
haben. Neben einem Überblick über
bestehende Konzepte und Materialien bietet der Autor Anleitung zur
Gestaltung individueller Konfirmandenzeit mit der eigenen Gruppe
sowie Bausteine für Gottesdienste,
die die Jugendlichen mitgestalten.

Das »Hoyaer Modell« hat sich in allen
Landeskirchen etabliert: Immer mehr
Gemeinden bieten einen gesplitteten
Konfirmandenkurs an – einen ersten
Teil für Kinder am Ende der Grund-
schulzeit, vier Jahre später dann den
zweiten. Der erste Teil führt spielerisch, erzählend, gestaltend an die
Inhalte des Glaubens und das Leben
in der Gemeinde heran. In kleinen
Gruppen kommen die Kinder zusammen, die meistens von Laien geleitet
werden. Diesen bietet das Heft alle
nötigen Hilfen und Materialien.
Wie im Grundwerk »kreuzundquer«
machen auch hier die »Perlen des
Glaubens« den Glauben begreifbar.

Vandenhoeck & Ruprecht